Sven Litzcke
Horst Schuh
Werner Jansen

Präsentationstechnik für Ingenieure

Sven Litzcke
Horst Schuh
Werner Jansen

Präsentationstechnik für Ingenieure

In wenigen Schritten zum überzeugenden Vortrag

VDE VERLAG GMBH • Berlin • Offenbach

Titelbild: Boardroom presentation, © iStockphoto.com/René Mansi

Das Werk ist urheberrechtlich geschützt. Jede Verwertung außerhalb der engen Grenzen des Urheberrechtsgesetzes ist ohne Zustimmung des Verlags unzulässig und strafbar. Die Wiedergabe von Gebrauchsnamen, Handelsnamen, Warenbeschreibungen etc. berechtigt auch ohne besondere Kennzeichnung nicht zu der Annahme, dass solche Namen im Sinne der Markenschutz-Gesetzgebung als frei zu betrachten wären und von jedermann benutzt werden dürfen. Aus der Veröffentlichung kann nicht geschlossen werden, dass die beschriebenen Lösungen frei von gewerblichen Schutzrechten (z. B. Patente, Gebrauchsmuster) sind. Eine Haftung des Verlags für die Richtigkeit und Brauchbarkeit der veröffentlichten Programme, Schaltungen und sonstigen Anordnungen oder Anleitungen sowie für die Richtigkeit des technischen Inhalts des Werks ist ausgeschlossen. Die gesetzlichen und behördlichen Vorschriften sowie die technischen Regeln (z. B. das VDE-Vorschriftenwerk) in ihren jeweils geltenden Fassungen sind unbedingt zu beachten.

Bibliografische Information der Deutschen Nationalbibliothek
Die Deutsche Nationalbibliothek verzeichnet diese Publikation in der Deutschen Nationalbibliografie; detaillierte bibliografische Daten sind im Internet über http://dnb.d-nb.de abrufbar.

ISBN 978-3-8007-3111-4

© 2009 VDE VERLAG GMBH, Berlin · Offenbach
Bismarckstr. 33, 10625 Berlin

Alle Rechte vorbehalten

Druck: Druckhaus „Thomas Müntzer" GmbH, Bad Langensalza
Printed in Germany   2009-09

Vorwort

Differenzieren sei ein Handwerk und Integrieren eine Kunst, heißt es in der Mathematik. Ingenieure, für die Mathematik eine wichtige Hilfswissenschaft ist, haben Erfahrung mit diesem Unterschied zwischen Handwerk und Kunst. Präsentieren ist viel Handwerk und nur wenig Kunst. Das tröstliche Fazit hieraus lautet: Präsentieren ist als Handwerk erlernbar. Wir gehen noch einen Schritt weiter und behaupten: Präsentieren kann man ebenso einfach lernen wie Auto fahren.

Ingenieure stehen vor der Herausforderung, technische Geräte, Systeme und Prozesse auch technischen Laien verständlich und wirkungsvoll zu präsentieren. Am Erreichen dieses Ziels misst sich der Erfolg einer Präsentation. Eine für Ingenieure typische Aufgabe ist es, ein Gerät oder eine Maschine überzeugend und allgemein verständlich vorzuführen. Obwohl man eine solche Produktpräsentation möglichst am Objekt selbst vornimmt, wird man meist in einem ergänzenden Kurzreferat Folien und Bilder als Hilfsmittel einsetzen. Die Teilnehmer werden in der Regel Fragen stellen, sodass eine Diskussion in Gang kommt. Gelungene Präsentationen aktivieren die Teilnehmer.

Präsentationen sind Chancen, ein Produkt, eine Leistung oder die eigene Person darzustellen. Eine gute Präsentation stopft die Teilnehmer nicht mit Fakten voll, sondern berührt deren Emotionen und beeinflusst deren Entscheidungen. In der Praxis setzt man Präsentationen ein, um Sachverhalte zu vermitteln, Produkte vorzustellen, Ergebnisse zu vermarkten, Planungsprozesse zu veranschaulichen, Meinungen zu bilden oder Entscheidungen vorzubereiten. Daher lohnt sich die Mühe, unabhängig vom konkreten Arbeitsplatz, Präsentationsfähigkeiten zu erwerben und zu perfektionieren.

Vielleicht denken Sie insgeheim: „Was soll der Aufwand? Hauptsache, ich bin Experte auf meinem Fachgebiet." Hinter einem solchen Einwand verbirgt sich meist die Skepsis, ob eine Verpackung wichtiger sein kann als der Inhalt. Tatsächlich erreicht man einen Großteil der Wirkung – nicht die gesamte Wirkung – durch eine ansprechende äußere Gestaltung. So kann man beispielsweise eine Praline hübsch als Geschenk verpacken, mit Glanzpapier und Schleifchen. Die Erstwirkung ist umso stärker, je hübscher das Geschenk verpackt ist. Schmeckt die Praline allerdings schlecht, ärgert sich der Beschenkte. Die aufwendige Verpackung hätte dann eine Qualitätserwartung geweckt, der die Praline nicht genügt. Dieses Buch hilft Ihnen, Inhalte hübsch zu arrangieren und zu verpacken. Das hilft allerdings nur wenig, wenn die Inhalte deutlich hinter der Verpackung zurückbleiben. Inhaltliche Mängel können durch Präsentationstechnik nicht ausgeglichen werden.

Wir helfen Ihnen auf dem Weg zur überzeugenden Präsentation. Neben dem angemessenen Einsatz von Pinnwand, Flipchart, Folien, Projektor und anderen Hilfsmitteln gehen wir detailliert auf rhetorische Techniken ein. Viele Vortragenden haben Angst vor unerwartetem Verhalten der Teilnehmer. Wir widmen daher ein eigenes Kapitel dem Umgang mit Widrigkeiten und gehen ausführlich darauf ein, wie man technische Pannen vermeidet oder behebt, was man gegen Lampenfieber und einen Blackout tun kann und wie man mit schwierigen Teilnehmern umgeht.

Das vorliegende Buch orientiert sich in seiner Grundstruktur an dem mittlerweile vergriffenen Werk „*Litzcke, S. M.*; *Ambrosy, I.*; *Schuh, H.*: Erfolgreich präsentieren" [1] aus dem Jahr 2001. Es unterscheidet sich von diesem in der Zielgruppe, an die es sich bevorzugt wendet: Ingenieure und Wirtschaftsingenieure sowie Studierende dieser Fachrichtungen. Folgerichtig haben wir die Beispiele, Bilder und Tabellen so gewählt, dass sie überwiegend aus dem technischen Bereich stammen. Wir setzen bei dieser Zielgruppe zudem voraus, dass sie mit dem Einsatz und der Handhabung eines Computers sowie entsprechender Präsentationssoftware vertraut ist. Ausführungen zur Bedienung von Präsentationssoftware enthält das Buch nicht.

Unser zentrales Anliegen ist die Etablierung und Erhaltung eines Kontakts zwischen Ihnen als dem Vortragenden und den Teilnehmern Ihrer Präsentation. Unserer Erfahrung nach haben viele Präsentierenden genau an dieser Stelle erhebliche Defizite. Wenn der Funke zwischen dem Vortragenden und Teilnehmern nicht überspringt, bleibt eine Präsentation oft wirkungslos.

Zum Schluss noch ein wichtiger Hinweis: Wenn wir von Ingenieuren oder Studenten reden, sind generell die Frauen, also die Ingenieurinnen und Studentinnen, mitangesprochen. Wir verzichten aus Gründen der Lesbarkeit auf die Nennung der weiblichen Form.

Viel Erfolg bei Ihrer nächsten Präsentation!

München, Euskirchen und Jülich, im August 2009

Sven Max Litzcke *Horst Schuh* *Werner Jansen*, VDE
sven.litzcke@fh-hannover.de h-schuh@gmx.de jansen.werner@t-online.de

Inhalt

Vorwort 5

1	**Vorbereitung**	11
1.1	Zielformulierung	11
1.2	Zielgruppeneinschätzung	12
1.3	Rahmenbedingungen	14
1.4	Teampräsentation	19
1.5	Informationsauswahl	20
1.6	Verständlichkeit	22
1.7	Einstimmung	23
2	**Visualisierung**	27
2.1	Farben	27
2.2	Layout	28
2.3	Text	29
2.4	Tabellen	31
2.5	Diagramme	33
2.6	Bilder, Symbole, Cartoons	45
3	**Rhetorik**	47
3.1	Argumentationsmuster	47
3.2	Rhetorischer Dreisatz und Alternativen	49
3.3	Redefiguren	55
3.4	Stichworttechnik	57
4	**Medieneinsatz**	59
4.1	Overheadprojektor	60
4.2	Notebook/Laptop/Digitalprojektor	63
4.3	Flipchart	65
4.4	Pinnwand	67
4.5	Diaprojektor	69
4.6	Videofilm	70
4.7	Schreibtafel	71
4.8	Produktproben	72
4.9	Begleitmaterial	72
4.10	Medienkombination	73
4.11	Checkliste	75

5	Durchführung	77
5.1	Begrüßung	77
5.2	Einleitung	79
5.3	Herzstück	82
5.3.1	Faktenphase	83
5.3.2	Diskussionsphase	84
5.3.3	Entscheidungsphase	87
5.4	Schluss	88
5.5	Checkliste	90
6	Persönliche Wirkung	91
6.1	Lampenfieber	91
6.2	Glaubwürdigkeit	94
6.3	Wertschätzung	96
6.4	Atmung	97
6.5	Sprechtechnik	98
6.5.1	Vokalisierung und Artikulation	99
6.5.2	Betonung	101
6.5.3	Dialekt	101
6.5.4	Pausen	102
6.5.5	Satzbildung	103
6.5.6	Körpersprache	106
6.6	Checkliste	112
7	Nachbereitung	113
7.1	Wirkungsanalyse	113
7.2	Zusagen	116
7.3	Archivierung	117
8	Umgang mit Widrigkeiten	119
8.1	Technikausfall	119
8.2	Blackout	120
8.3	Zwischenfragen	122
8.4	Schwierige Teilnehmer	124
8.4.1	Geltungssüchtige	126
8.4.2	Aggressive	127
8.4.3	Schwätzer	131
8.4.4	Nörgler	132
8.4.5	Teilnahmslose	132
8.5	Konflikte zwischen Teilnehmern	133
8.6	Präsentation ohne Vorbereitungszeit	135

9	Nachwort	137
10	Literatur	138
11	Bezeichnungen	143
11.1	Formelzeichen verwendeter physikalischer Größen	143
11.2	Einheitenzeichen und -namen	143

1 Vorbereitung

In diesem Kapitel werden Sie durch die einzelnen Schritte begleitet, die einer Präsentation vorangehen: Die Festlegung der Ziele, das Einschätzen der Zielgruppe, das Schaffen guter Rahmenbedingungen, die Informationsauswahl sowie die positive Einstimmung auf die Präsentation. Sobald Sie das erste Wort an die Teilnehmer richten, liegt die Hauptarbeit bereits hinter Ihnen. Eine gute Vorbereitung ist die halbe Miete, sie gibt Ihnen Sicherheit im Auftreten. Was gehört zu einer guten Vorbereitung? Wenn Sie die folgenden Fragen beantwortet haben, ist Ihre Vorbereitung abgeschlossen:

- Was will ich mit der Präsentation erreichen?
- Welche Zielgruppe werde ich vor mir haben?
- Welche Rahmenbedingungen muss ich beachten?
- Wie kann ich den Inhalt ansprechend aufbereiten?
- Wie stimme ich mich auf die Präsentation ein?

Wie lange man zur Vorbereitung einer Präsentation braucht, hängt vom Thema, von der Erfahrung, von der Geschicklichkeit im Umgang mit den Präsentationsmedien und den verfügbaren Arbeitsmitteln ab. Als grobe Faustregel gilt: Für eine Präsentationsminute benötigt man 20 min Vorbereitungszeit. Für eine zehnminütige Präsentation sollte man also gut 3 h Vorbereitungszeit einplanen.

1.1 Zielformulierung

Bevor Sie die erste Folie gestalten, sollten Sie die Präsentationsziele formulieren. Präsentationsziele lassen sich in zwei Grundkategorien einteilen: Sie wollen die Teilnehmer entweder überzeugen oder informieren. Wenn Sie informieren wollen, tragen Sie die Fakten gut aufbereitet vor. Mit den meisten Präsentationen will man mehr, nämlich die Teilnehmer überzeugen – sich z. B. finanziell zu engagieren, eine neue Richtung einzuschlagen oder ein marodes Projekt zu beerdigen. Überzeugen ist schwerer als Informieren. Im Folgenden stellen wir dar, wie Sie andere mit einer Präsentation überzeugen. Denn wenn Sie gut überzeugen können, können Sie in der Regel auch gut informieren.

Wie formuliert man ein Ziel? Nur ein konkretes Ziel ist ein gutes Ziel. Nebulöse Ziele sind schlecht überprüfbar und daher schlecht erreichbar. Formulieren Sie Ziele, indem Sie folgende Frage beantworten: „Was sollen die Teilnehmer am

Ende der Präsentation glauben oder tun?" Beantworten Sie die Frage genau, also nicht: „Die Teilnehmer sollen über die neue Steuerungsfamilie informiert sein.", sondern: „Die Teilnehmer wissen, dass die neuen speicherprogrammierbaren Steuerungen doppelt so schnell arbeiten und alle vernetzbar sind."

Formulieren Sie für jede Präsentation ein Minimalziel, das Sie mindestens erreichen wollen. Dann formulieren Sie ein Zusatzziel, welches Sie anstreben, wenn die Präsentation gut läuft und Sie das Minimalziel zügig erreicht haben. Für den Fall, dass Sie auch Ihr Zusatzziel erreichen, formulieren Sie ein Optimalziel. Das ist ein Wunschziel, von dessen Erreichen Sie bei realistischer Sichtweise nicht ausgehen können. Diese Vorgehensweise gilt generell. Tabelle 1.1 zeigt Minimalziel, Zusatzziel und Optimalziel exemplarisch für eine Projektpräsentation. Das Minimalziel ist die Genehmigung des Projekts, wobei das Budget nicht um mehr als 10 % gekürzt werden darf, weil sonst erhebliche Abstriche in der Umsetzung des Projekts vorzunehmen wären. Eine Kürzung des Budgets um mehr als 10 % würde das Projekt gefährden. Zusatzziel ist die Budgetgenehmigung ohne Kürzung. Das konkrete Optimalziel ist eine Budgetaufstockung um 15 %.

Meine Ziele für die Präsentation sind
Minimalziel: Projekt wird genehmigt und vorgeschlagenes Budget um nicht mehr als 10 % gekürzt
Zusatzziel: Budget wird wie vorgeschlagen übernommen
Optimalziel: Budget wird um 15 % aufgestockt

Tabelle 1.1 Minimalziel, Zusatzziel und Optimalziel

1.2 Zielgruppeneinschätzung

„Der Wurm soll dem Fisch schmecken, nicht dem Angler." Dazu müssen Sie als Angler wissen, welchen Fisch Sie vor sich haben und welcher Wurm diesem schmeckt. Die Teilnehmer sollen zu Beginn der Präsentation Appetit bekommen, Ihnen zuzuhören und am Ende Ihre Vorschläge und Empfehlungen gerne anzunehmen. Sie können die Inhalte nur überzeugend aufbereiten, wenn Sie wissen, welche Interessen die Teilnehmer haben. Wichtige Vorbereitungsfragen sind:

Was wissen die Teilnehmer über das Thema? Zu viele bekannte Informationen ermüden. Stimmen Sie den Schwierigkeitsgrad der Präsentation auf den Informationsstand der Teilnehmer ab. Knüpfen Sie zu Beginn kurz an Bekanntes an, um die neuen Informationen auf ein gutes Fundament zu stellen.

Was erwarten die Teilnehmer? Was interessiert sie? Wenn Sie auf die Erwartungen und Interessen der Teilnehmer eingehen, läuft die Präsentation meist

1.2 Zielgruppeneinschätzung

wie von selbst. Manchmal haben Sie als Vortragender andere Interessen als die Teilnehmer oder können die Teilnehmererwartungen nicht erfüllen. In einem solchen Fall sollten Sie Ihr Vorgehen klar begründen, andernfalls werden Sie am Widerstand der Teilnehmer scheitern.

Welche Einstellungen und Ziele haben die Teilnehmer? Sind die Teilnehmer freiwillig gekommen? Die Präsentation vor einem neutralen Teilnehmerkreis ist die Ausnahme. Lange vor Präsentationsbeginn gibt es Vorurteile, Halbwissen und Koalitionen unter den Teilnehmern. Wenn Sie deren Einstellungen und Ziele kennen, können Sie abschätzen, welche Einwände in welcher Heftigkeit zu erwarten sind.

Kriterium	Ausprägung
Größe der Gruppe	Anzahl der Teilnehmer
Art der Gruppe	aus eigener Organisation, aus derselben Branche, branchenfremd, politisch, unbekannt, freiwillig
Zusammensetzung der Gruppe	Funktion, Aufgabe, Qualifikation, Interessenlage (homogen, heterogen, unbekannt) der Teilnehmer. Wichtig: formelle und informelle Führer
Hierarchieebene	gleich, eher gleich, gemischt, höher, niedriger, unbekannt
Wissen zum Thema	groß, mittel, gering, unbekannt
Einstellung zum Thema	zustimmend, neutral, kritisch, desinteressiert, unbekannt
Erwartungen zum Thema	...
Einstellung zum Präsentierenden	zustimmend, neutral, kritisch, desinteressiert, unbekannt
ungeschriebene Gesetze	...
Tabuthemen der Teilnehmer	...
Lieblingsthemen der Teilnehmer	...
Wertestruktur der Teilnehmer	...
Zwänge für die Teilnehmer	...
Bedürfnisse der Teilnehmer	...

Tabelle 1.2 Teilnehmereinschätzung vor der Präsentation

Führen Sie vor der Präsentation mit einzelnen Teilnehmern ein persönliches Gespräch. Fragen Sie Kollegen, ob sie die Teilnehmer kennen und wie sie diese einschätzen. Die Aufstellung in **Tabelle 1.2** erleichtert Ihnen die Einordnung der Teilnehmer. Versuchen Sie, alle Informationen vor der Präsentation zusammenzutragen. Denn je mehr Informationen Ihnen fehlen, desto weniger präzise können Sie Ihre Präsentation auf die Teilnehmer abstimmen und desto größer ist das Risiko einer unliebsamen Überraschung während der Präsentation. Mit diesen Informationen können Sie Ihre Präsentation gezielt ausrichten. Fertigen Sie vor jeder Präsentation eine Teilnehmeranalyse an. Je nach Teilnehmerkreis wird die Präsentation sehr unterschiedlich aussehen. Zusammenfassend kann man festhalten, dass sich Teilnehmer dann etwas merken [2] wenn.

- Emotionen im Spiel sind,
- etwas Unerwartetes passiert,
- eine Gewohnheit durchbrochen wird,
- Sie selbst damit zu tun haben.

Versuchen Sie also, Emotionen anzusprechen, die Teilnehmer zu überraschen und sie in die Präsentation miteinzubeziehen.

1.3 Rahmenbedingungen

Der Raum muss allen Teilnehmern bequeme Sitzmöglichkeiten und freien Blick auf den Präsentierenden und die Präsentationsmedien bieten. Ein kleiner, schmuddeliger, schlecht belüfteter Raum, also alles, was unbequem ist, senkt die Stimmung der Teilnehmer, lange bevor Sie das erste Wort gesagt haben. Sie zeigen durch einen schäbigen Rahmen, was Ihnen die Teilnehmer wert sind – nichts. Stellen Sie bei einer Präsentation, die mehr als 30 min dauert, Kaffee, Tee, Wasser und etwas Gebäck bereit. Zu möglichen Sitzordnungen siehe **Bild 1.2**.

Warum dieser Aufwand? Die menschlichen Bedürfnisse sind hierarchisch geordnet; wer also Durst hat, kümmert sich um etwas zu trinken, nicht um Ihre Folien, und wem der Magen knurrt, der hört nicht zu. Wer zur Toilette muss, hat andere Sorgen, als Ihren Gedanken zu folgen. Sie müssen die Grundbedürfnisse der Teilnehmer befriedigen, bevor Sie mit der Präsentation beginnen. Die Teilnehmer hören nur zu, wenn kein unbefriedigtes Grundbedürfnis sie ablenkt. Hat beispielsweise ein Teilnehmer einen zweistündigen Anfahrtsweg, geben Sie ihm Zeit, die Toilette aufzusuchen, sich frisch zu machen und seinen Platz in Ruhe einzunehmen. Stellen Sie Getränke zur Erfrischung bereit und geben Sie allen Gelegenheit, sich zu bedienen und einen Schluck zu trinken. Tun Sie das nicht, werden sich die Durstigen in den ersten Minuten der Präsentation mit Kaffee versorgen, den Nachbarn nach der Milch fragen und versuchen, den letzten Schokoladenkeks zu ergattern.

1.3 Rahmenbedingungen

Bild 1.1 Bedürfnishierarchie [4]

Wenn die Rahmenbedingungen nicht stimmen, kämpfen Sie wie *Don Quichotte* gegen Windmühlenflügel [3]. Ihre Präsentation scheitert, wenn Sie gegen müde, durstige oder hungrige Teilnehmer anreden. Nach *Abraham Maslow* sind die menschlichen Bedürfnisse hierarchisch geordnet (**Bild 1.1**).

Die vorherrschenden Bedürfnisse sind biologischer Natur, darauf folgen Sicherheitsbedürfnisse, Bindungsbedürfnisse, das Bedürfnis nach Anerkennung (Selbstwert) sowie kognitive Bedürfnisse. Das Bedürfnis nach Selbstverwirklichung schließt die Hierarchie ab (Bild 1.1). Die Bedürfnisse auf den unteren Ebenen beherrschen Motivation und Handeln eines Menschen, solange sie unbefriedigt sind. Sind sie befriedigt, treten die höheren Bedürfnisse in den Vordergrund. Erst wenn Hunger, Durst und Müdigkeit beseitigt sind, wird man Ihnen zuhören. Selbst die brillanteste Präsentation scheitert, solange die Bedürfnisse der Ebenen unterhalb der kognitiven Bedürfnisse aktiv sind. Entscheidend ist die Intensität: Ein leichtes Hungergefühl ist unerheblich, starker Hunger hingegen bindet alle Aufmerksamkeit. Schaffen Sie sich gute Startchancen, indem Sie für Getränke und Nahrung sorgen, Lärmquellen abstellen und indem Sie die Präsentation nicht in die biologischen Tiefs legen, d. h. nicht zwischen 13.00 Uhr und 15.00 Uhr und nicht nach 21.00 Uhr.

Sind die biologischen Bedürfnisse in angemessener Weise berücksichtigt, werden die der nächsten Ebene aktiv – das sind die Sicherheitsbedürfnisse. Sind diese gestillt, folgen die Bindungsbedürfnisse, die wir hier überspringen. Erst nach dem Selbstwertbedürfnis folgen die kognitiven Wünsche. Ihre Präsentation ist erfolgreich, wenn Sie die kognitive Ebene der Teilnehmer ansprechen und Sie Ihre Vorschläge durchsetzen. Die Hierarchie macht verständlich, weshalb Sie die Teilnehmer zunächst anerkennen und ihnen danach Informationen vermitteln sollen. Erst wenn das Selbstwertbedürfnis gestillt ist, werden die kognitiven Wünsche handlungsbestimmend.

Abraham Maslows Ansatz ist umstritten, weil eine angemessene experimentelle Bestätigung fehlt, die Begriffe unscharf definiert sind und der Situationseinfluss nicht berücksichtigt wird [5]. Als Hinweis auf die verschiedenen Bedürfnisse der Teilnehmer erfüllt die Theorie dennoch ihren Zweck. Orientieren Sie sich nicht an jedem Detail aus *Abraham Maslows* Hierarchie, aber halten Sie die Grundreihenfolge der Bedürfnisbefriedigung ein.

1.3 Rahmenbedingungen

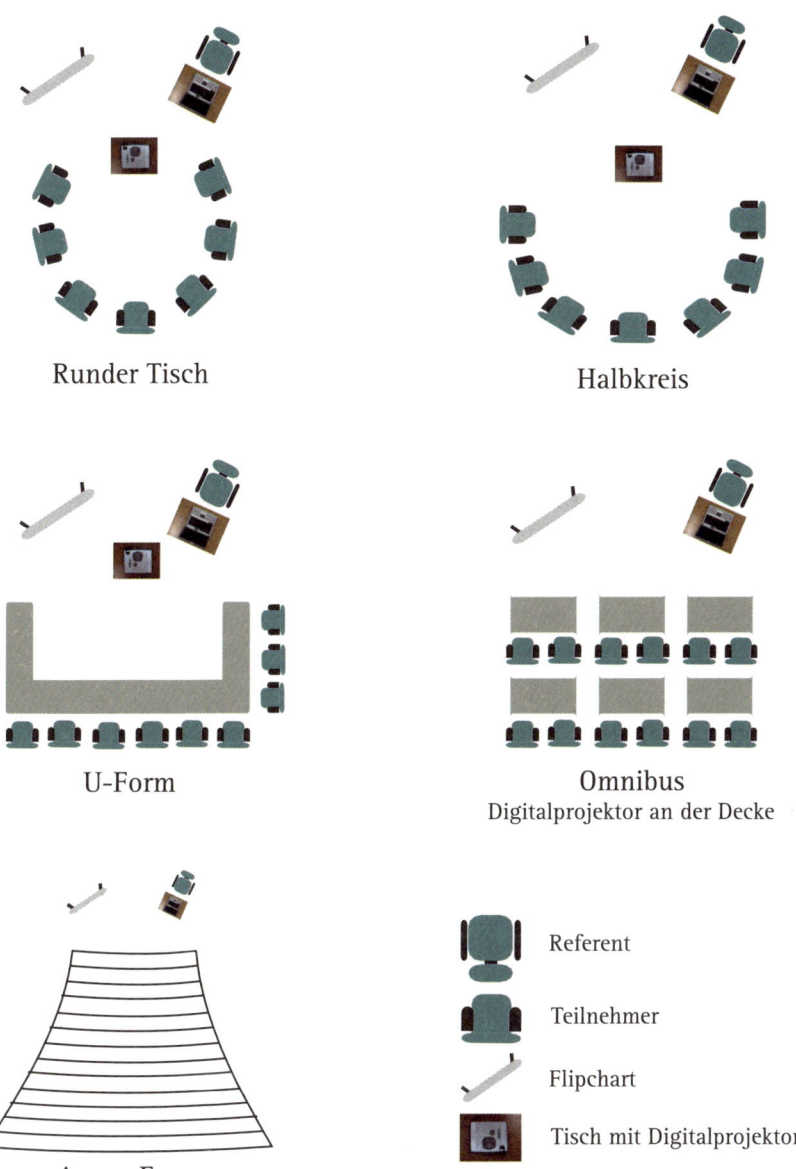

Bild 1.2 Sitzordnungen

Wenn Sie in einem Raum mit starrer Möblierung präsentieren, der größer ist, als es die Teilnehmerzahl erfordert, sitzen die Teilnehmer in aller Regel locker verstreut im Raum. Einige sitzen vorne rechts, einer in der Mitte, ein Grüppchen hat sich die letzte Reihe ausgesucht. Angenehmer und kompakter wirkt die Präsentation, wenn die Teilnehmer nach vorne kommen, dort geschlossen sitzen und die hinteren Reihen leer bleiben. Versuchen Sie, die Teilnehmer gleich beim Hereinkommen in die vorderen Reihen zu platzieren, z. B. mit den Worten: „Guten Tag und herzlich willkommen. Würden Sie sich bitte nach vorne setzen? Danke." Wenn schon alle kreuz und quer sitzen, brauchen Sie Geduld und Nervenstärke, um die Teilnehmer dazu zu bewegen, sich umzusetzen. Bestehen Sie dennoch darauf, beispielsweise mit den Worten: „Bitte schließen Sie nach vorne auf. Dann können alle besser sehen und wir können nachher auch besser miteinander diskutieren. Danke." Sie werden diese Aufforderung vermutlich wiederholen müssen [6].

Wie lange darf eine Präsentation dauern? *Kurt Tucholsky* karikiert die Präsentationsdauer in seinen „Ratschlägen für einen schlechten Redner" so ([7], 290 ff): „Sprich nie unter anderthalb Stunden, sonst lohnt es gar nicht, erst anzufangen. Wenn einer spricht, müssen die anderen zuhören – das ist deine Gelegenheit! Missbrauche sie." So geht es natürlich nicht. Orientieren Sie sich an dem Motto: Man kann über alles reden, aber nicht länger als 45 min. Länger kann niemand ohne Aussetzer zuhören, die meisten Teilnehmer werden nach 20 min bis 25 min bereits müde. Die 45 min sind durch die Dauer einer Schulstunde kulturell verankert. Wenn Sie bereits nach 20 min eine Pause machen, denken die Teilnehmer: So ein fauler Zeitgenosse, kaum angefangen, schon Pause. Dauert Ihre Präsentation länger als 45 min, legen Sie nach dieser Zeit eine zehnminütige Pause ein. Falls Sie länger als zweimal 45 min präsentieren – davon raten wir dringend ab –, ist mindestens eine zwanzigminütige Pause fällig. Kündigen Sie den Zeitplan zu Beginn an und halten Sie sich an die Zeiten. Die Teilnehmer stellen sich auf den Ablauf und die Pausen ein. Sie würden die Teilnehmererwartungen verletzen, wenn Sie überziehen. Denken Sie an die Bedürfnispyramide: Spätestens nach 45 min muss jemand zur Toilette, will jemand eine Zigarette rauchen oder einen Schluck Kaffee trinken.

Gehen Sie bei Ihrer Vorbereitung so vor: Spielen Sie die Präsentation mindestens einmal in vollem Umfang durch. Schlagen Sie 25 % der benötigten Zeit für Verständnisfragen und Nebenkriegsschauplätze auf, dann haben Sie eine realistische Schätzung der Präsentationsdauer. Die folgende Checkliste (**Tabelle 1.3**) ist bei der Vorbereitung hilfreich. Ihre Vorbereitung ist erst abgeschlossen, wenn Sie alle Fragen mit „Ja" beantworten können.

Ist der Raum für alle Teilnehmer gut erreichbar?	Ja ☐	Nein ☐
Wissen Sie, wo sich die Toiletten befinden?	Ja ☐	Nein ☐
Wissen Sie, wo die Garderobe liegt?	Ja ☐	Nein ☐
Hat jeder Teilnehmer einen Sitzplatz?	Ja ☐	Nein ☐
Erlaubt die Sitzordnung, dass Sie zu allen Blickkontakt haben?	Ja ☐	Nein ☐
Haben alle Teilnehmer gute Sicht auf die Medien?	Ja ☐	Nein ☐
Kann man Sie auch vom hintersten Platz aus gut hören?	Ja ☐	Nein ☐
Haben alle Teilnehmer Zugang zu Getränken?	Ja ☐	Nein ☐
Sind Störquellen (Baulärm, Telefon) ausgeschaltet oder minimiert?	Ja ☐	Nein ☐
Wissen Sie, wie sich die Fenster öffnen lassen?	Ja ☐	Nein ☐
Funktioniert die Heizung oder die Klimaanlage?	Ja ☐	Nein ☐
Ist die Beleuchtung ausreichend?	Ja ☐	Nein ☐
Wissen Sie, wie sich der Raum verdunkeln lässt?	Ja ☐	Nein ☐
Funktioniert das Mikrofon?	Ja ☐	Nein ☐
Sind alle Hilfsmittel vorhanden (Stifte, Verlängerungsleitung)?	Ja ☐	Nein ☐
Ist Verbrauchsmaterial in ausreichender Menge vorhanden?	Ja ☐	Nein ☐
Wissen Sie, wo es Ersatzgeräte gibt (Digitalprojektor)?	Ja ☐	Nein ☐
Wissen Sie, wer bei Störungen hilft und wie die Person erreichbar ist?	Ja ☐	Nein ☐

Tabelle 1.3 Checkliste Rahmenbedingungen (überarbeitet nach [8])

1.4 Teampräsentation

Man präsentiert im Team, wenn Themenbereiche von Spezialisten vorzutragen sind oder wenn verschiedene Bereiche ein gemeinsames Projekt vorstellen, beispielsweise Mitarbeiter aus der Forschungs- und Entwicklungsabteilung, der Marketingabteilung und aus dem Controlling. Ein anderer Grund wäre, dass aus taktischen Gründen ein Vorgesetzter oder ein Mitarbeiter in die Präsentation einbezogen werden soll. Wird die Präsentation mehr als 45 min dauern, empfiehlt sich ein Wechsel der Präsentierenden schon allein wegen der Abwechslung. Allerdings sollten nicht mehr als drei Personen auftreten. Die Präsentation entwickelt sich sonst zu einem Minikongress, und die Teilnehmer verlieren den Überblick über die einzelnen Themenaspekte sowie die Präsentierenden. Ein Einzelbeitrag sollte mindestens 10 min dauern, sonst wirkt er wie eine Alibivorführung. Jeder Beitrag muss eine geschlossene, in sich verständliche Einheit bilden.

Ein anderes Beispiel für eine Präsentation im Team stellt das Tagesseminar dar, bei dem ebenfalls Spezialisten mehrere Unterthemen zu einem Hauptthema präsentieren.

Achten Sie hier darauf, die einzelnen Beiträge durch Pausen aufzulockern, in denen kleine Erfrischungen (Kaffee, Tee, Gebäck) die Teilnehmer bei der Stange halten.

In die Vorbereitung für eine Teampräsentation sind alle Beteiligten einzubeziehen. Jeder muss am Ende der Vorbereitung über die Gesamtpräsentation informiert sein. Abfolge und Dauer der Beiträge müssen festgelegt werden, und man muss einen Unterbrechungsmodus für den Fall vereinbaren, dass ein Vortragender seine Zeit überzieht. Durch einen zu langen ersten Beitrag kann die gesamte Präsentation „ins Rutschen" kommen. Üben Sie die Präsentation auf jeden Fall vorab einmal ohne Zuhörer mit allen Beteiligten. Wenn das nicht möglich ist, senden Sie sich wechselseitig die Unterlagen zu, damit sich jeder ein Bild von der Gesamtpräsentation machen kann. Legen Sie die Überleitungen zwischen den Beiträgen fest.

Nennen Sie am Anfang der Präsentation die Namen aller Beteiligten und informieren Sie, wer zu welchem Thema vorträgt. Zu Beginn jedes Teilbeitrags stellt sich der Präsentierende kurz mit Namen und Funktion vor. Achten Sie auf gleitende Übergänge, leiten Sie mit ein paar Worten zu Ihrem Nachfolger über, beispielsweise so: „Damit sind alle Kostenaspekte vorgestellt. Herr Damm wird Ihnen jetzt präsentieren, welche Lösungsalternativen wir erarbeitet haben." Vor und nach Ihrem Beitrag halten Sie sich zurück. Nichts ist peinlicher als der Kampf ums Wort. Es steht immer nur einer im Rampenlicht – derjenige, der gerade präsentiert. Sie dürfen einem Teampartner nicht öffentlich widersprechen und nicht gelangweilt wirken, während er spricht.

1.5 Informationsauswahl

Ordnen Sie die Inhalte systematisch. Matsch ist schön im Sandkasten und am Strand – nicht im Kopf. Gehen Sie auch bei Ihrer Vorbereitung systematisch vor. Bearbeiten Sie den Inhalt in drei Schritten [8]:

- sammeln Sie Informationen,
- wählen Sie wichtige Informationen aus,
- bereiten Sie die ausgewählten Informationen auf.

Verschaffen Sie sich einen Überblick über das Thema und sichten Sie Informationen, die Ihnen möglicherweise nützlich sein könnten. Sie werden mehr Informationen finden, als Sie für Ihre Präsentation verwenden können. Dennoch kann sich ein ausführliches Sichten von Informationen lohnen, denn es gibt Ihnen die Sicherheit, nichts Wichtiges zu vergessen. Arbeiten Sie beim Sichten von Informationen zügig, lesen Sie keine Details und verzetteln Sie sich nicht auf unwichtigen Nebenpfaden.

1.5 Informationsauswahl

Die Informationsauswahl orientieren Sie an Ihren konkreten Präsentationszielen. Wählen Sie nicht danach aus, was irgendwie interessant klingt, sondern danach, was den Präsentationszielen dient. Verwenden Sie dabei die Zielgruppenanalyse. Was die Teilnehmer schon wissen, langweilt sie, was für sie neu ist, sichert Aufmerksamkeit. Begrenzen Sie Ihre Auswahl strikt. Ein typischer Anfängerfehler ist es, eine zu große Stoffmenge in einen zu engen Zeitrahmen zu pressen. Sie wirken in einem solchen Fall gehetzt, Ihre Souveränität leidet. Hier gilt das Motto: Weniger ist mehr! Die angemessene Informationsauswahl ist Ihre zentrale Aufgabe bei einer Präsentation.

Bauen Sie zuerst den Hauptteil auf. Über Einleitung und Schluss machen Sie sich erst Gedanken, wenn der Hauptteil fertig ist. Einleitung und Schluss sollten so gestaltet sein, dass Sie die Kernpunkte des Hauptteils stärken. Ihr Hauptteil sollte aus zwei bis maximal sieben Kernpunkten bestehen. Sofern es mehr werden, bilden Sie Unterpunkte. Mehr als sieben Kernpunkte merken sich Teilnehmer nicht.

Ein Beispiel: Sie sollen bei der Führungsspitze Ihrer Organisation eine Präsentation halten. Sie wollen zeigen, dass Ihre Abteilung zu Recht eine Budgeterhöhung um 10 % für das nächste Jahr einfordert. Sie haben die Argumente auf drei Hauptpunkte eingegrenzt:

- Wir brauchen neue Hardware,
- wir brauchen neue Software,
- wir müssen jetzt erneuern.

Das sind die Kernpunkte. Alle Erläuterungen, Argumente und Unterstützungsgedanken fassen Sie als Unterpunkte unter diese Kernpunkte. Das Grundmuster könnte so aussehen wie in **Tabelle 1.4**. Sie müssen klar und deutlich sagen, worin die Vorteile für die Teilnehmer liegen, wenn sie Ihren Vorschlägen folgen. In diesem Beispiel könnte man das so erreichen:

- Jetzt mehr Geld heißt jetzt neue Hardware und jetzt neue Software.
- Jetzt neue Hardware heißt jetzt neue Produkte und jetzt höhere Wettbewerbsfähigkeit.
- Jetzt neue Produkte und jetzt höhere Wettbewerbsfähigkeit heißt morgen höhere Gewinne.

Kernpunkte	Hardware	Software	jetzt
Unterpunkte	Ersatzteile sind schwer erhältlich und teuer	Wir können ganz neue Produkte entwickeln	Markt ist im Umbruch
Unterpunkte	Software läuft nicht mehr auf alter Hardware	Entwicklung ist mit neuen Programmen schneller	Bessere Qualität bei geringeren Kosten
Unterpunkte	Ausfallzeiten des alten Systems sind hoch	Wir bleiben wettbewerbsfähig	Wir sichern uns Marktanteile

Tabelle 1.4 Gliederung einer Argumentation in Kern- und Unterpunkte

Bereiten Sie die Inhalte durch einen systematischen Aufbau und verständliche Formulierungen gefällig auf. Was man beim Aufbereiten im Detail beachten muss, wird nachfolgend erläutert.

1.6 Verständlichkeit

Achten Sie beim Formulieren auf die vier Verständlichmacher [9]:

- Einfachheit: Einfache Darstellungen wählen. Nebeninformationen weglassen,
- Gliederung: Symbole und Bilder sinnvoll ordnen, roten Faden legen,
- Prägnanz: So viel wie nötig, so kurz wie möglich,
- Stimulanz: Durch Abwechslung einer Ermüdung der Teilnehmer vorbeugen.

Einfachheit ist der wichtigste Verständlichmacher. Man verwendet bekannte Wörter, Fremdwörter werden erklärt, die Sätze sind kurz, die verwendeten Symbole und Bilder sind übersichtlich. Sie schildern die Inhalte anschaulich, sodass alle Teilnehmer die Aussagen verstehen. Wenn die Teilnehmer Ihre Worte nicht verstehen, werden sie Ihnen inhaltlich nicht folgen und in letzter Konsequenz die Zustimmung verweigern. Sagen Sie „Nein" zu Verneinungen. Jede Verneinung ist ein Problem, die doppelte Verneinung ist eine Katastrophe (vgl. [10]). „Bei diesen Verfahren seien ausnahmslos die Befürworter eines Verbots der Kernenergie unterlegen." Haben Sie den Satz beim ersten Lesen verstanden? Wir nicht. Die Präsentationsteilnehmer können den Satz nicht noch einmal lesen, sie haben nur eine einzige Chance. Was sie beim ersten Hören nicht verstehen, ist verloren.

Je länger eine Präsentation dauert, desto wichtiger ist die Gliederung. Verdeutlichen Sie Ordnung und innere Folgerichtigkeit Ihrer Ausführungen. Wenn Sie drei Gründe nennen, dann präsentieren Sie eine Punktaufzählung und arbeiten Sie die Stichworte ab. Lassen Sie die Finger von komplizierten Formulierungen wie „nicht nur ..., sondern auch ... und überdies". Gliedern Sie logisch und klar. Ihre Präsentation muss auch äußerlich übersichtlich sein, indem Sie Überschriften bilden und Wichtiges hervorheben. Die Gliederung ist der rote Faden für die Teilnehmer, sie muss aus sich heraus verständlich sein. Eine Gliederung, die man mühsam erklären muss, erfüllt diesen Zweck nicht.

Prägnanz ist der dritte Verständlichmacher. Weitschweifiges Dozieren ermüdet, knapper Telegrammstil überfordert. Das Ziel lautet: „So viel wie nötig, so kurz wie möglich." Nicht immer schafft man die Balance, halten Sie sich im Zweifel lieber an den Telegrammstil als an die Weitschweifigkeit, denn mit Weitschweifigkeit verlieren Ihre Argumente an Durchschlagskraft. Allerdings kann man auch zu knapp sprechen und dadurch unverständlich werden. Prägnanz ist nicht das Gegenteil von Redundanz. Redundanz heißt, Inhalte gezielt zu wiederholen, um die Verständlichkeit zu erhöhen. Generell sind Redundanzen umso notwendiger,

- je komplizierter das Thema ist,
- je gleichgültiger das Thema den Teilnehmern ist,
- je träger oder müder die Teilnehmer sind,
- je enger der Erfahrungshorizont der Teilnehmer ist.

Zu viel Prägnanz führt zum Telegrammstil. Das Gegenmittel dazu ist Stimulanz – der vierte Verständlichmacher. Sie müssen die Teilnehmer nicht nur intellektuell ansprechen, sondern auch emotional. Eine noch so einfache, klar gegliederte und prägnant vorgetragene Präsentation verpufft, wenn sie blutleer bleibt, wenn die Teilnehmer den Eindruck haben, Sie sind nicht mit dem Herzen dabei. Stimulierend sind lebensnahe Beispiele, Sprachbilder, Analogien, Symbole, eigene Erlebnisse. Worte mit hohem Bekanntheitsgrad wie „bettelarm" oder „stinkfaul" erleichtern das Verständnis. Die größte Aufmerksamkeit erhalten Sie, wenn Sie die Erwartung der Teilnehmer moderat verletzen. Das Sprichwort „Wir sollten das Kind nicht mit dem Bade ausschütten" kennt jeder, es wirkt müde, abgenutzt und altbacken. Fesselnder ist eine Variation, die das Ursprungssprichwort erkennen lässt und eine neue Facette einbaut, beispielsweise so: „Hüten wir uns, mit dem Bad auch das Kind auszuschütten" (nach [10]).

1.7 Einstimmung

In einer Präsentation stellt man immer auch sich selbst dar. Sie müssen von den Inhalten, vom Aufbau und dem Produkt, das Sie präsentieren, überzeugt sein [11], sonst hilft die beste Folie nicht. Dazu muss Ihre Einstellung stimmen und Sie müssen selbstbewusst sein. Ohne Selbstvertrauen fühlt man sich unsicher und ängstlich. Mit Angst produziert man den Misserfolg schon im Vorfeld. Lange vor dem geplanten Präsentationstermin schleichen sich Gedanken ein, wie „Das geht schief." oder „Ich konnte noch nie gut reden". Bild 1.3 veranschaulicht, wie Präsentationsangst entsteht.

Die Präsentation wird von den Teilnehmern bewertet. Bewertet zu werden ist für viele Menschen unangenehm. Wenn zusätzlich ein überhöhter Perfektionsanspruch besteht, kann Angst entstehen, aus der Unsicherheit vor der Bewertung resultiert. Wer sich auf diese Weise negativ vorprogrammiert, wird scheitern; denn wer denkt, er könne die Ansprüche nicht erfüllen, entwickelt Angst und ist damit beschäftigt, diese zu bekämpfen, statt die Präsentation vorzubereiten. Dieser Teufelskreis negativer Selbsteinschätzung (**Bild 1.4**) muss unterbrochen werden. Mit einer positiven Selbsteinschätzung (**Bild 1.5**) gelingen Präsentationen besser, man sucht eher Präsentationssituationen auf, ist dadurch gut im Training.

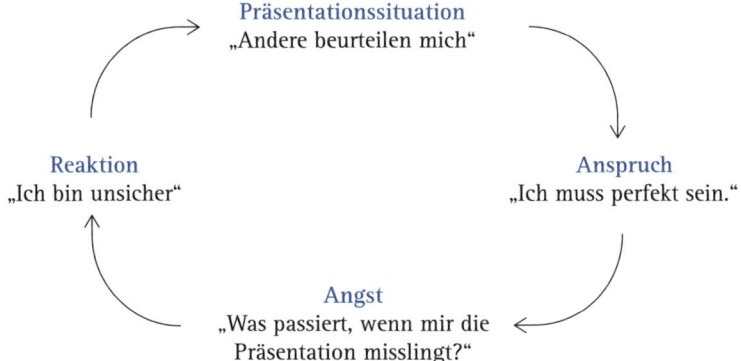

Bild 1.3 Entstehung von Präsentationsangst

Ein Ansatz zur Vermeidung von Angst ist es, sich statt an perfektionistischen Ansprüchen an „bedingten Erlaubern" zu orientieren: Man darf sich auch mal versprechen, wenn man etwas Wichtiges zu sagen hat. Man darf auch einmal den roten Faden verlieren, wenn man das Gesamtziel im Auge behält. Man darf mal husten und sich an der Nase reiben, wenn man sonst eine gute Figur macht. Der Anspruch an die eigene Leistung braucht nicht so hoch zu sein, dass man sich jede Schwäche und jeden Fehler verbietet, wenn man sein Bestes gibt. Bei einem maßvollen Anspruchsniveau entsteht keine Angst vor dem Sprechen.

1.7 Einstimmung

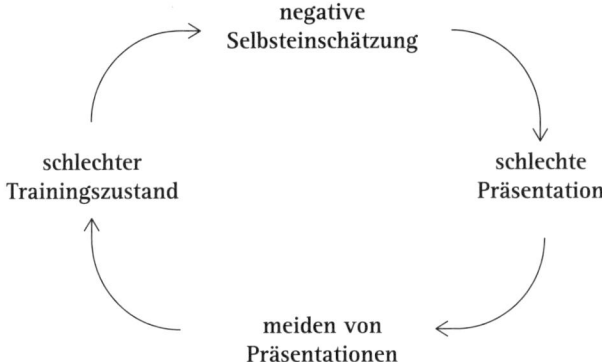

Bild 1.4 Teufelskreis negativer Selbsteinschätzung

Noch weiter als bedingte Erlauber trägt eine positive Grundeinstellung, am besten schon bei der Präsentationsvorbereitung: „Ich bereite mich gut vor. Ich habe schon Schlimmeres gemeistert." Wichtig ist, dass Sie selbst an diese Aussagen glauben. Deshalb müssen Sie eigene und realistische Formeln entwickeln. Also nicht „Ich bin perfekt", sondern „Ich werde es gut machen".

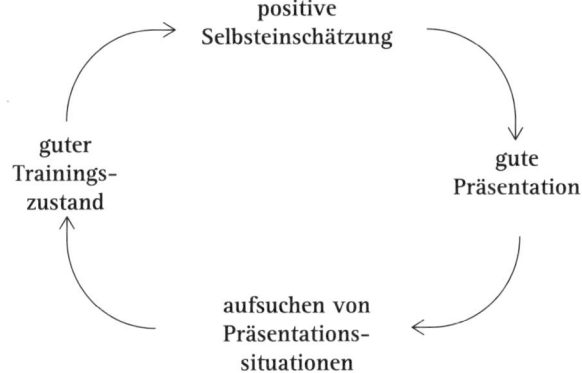

Bild 1.5 Wirkung positiver Selbsteinschätzung

Eine positive Grundhaltung ist eng verknüpft mit Selbstvertrauen. Mit folgenden Formeln kann man positives Denken als Anti-Stressmaßnahme auch kurz vor einer Präsentation einsetzen: „Ich bin gut vorbereitet! Reden macht mir Spaß! Ich werde zeigen, was ich kann!"

2 Visualisierung

Wir nehmen sehr viele Informationen über unsere Augen auf. Daher sind Visualisierungen das wertvollste Hilfsmittel bei Präsentationen. Auch die Gedächtnisleistung ist bei visuellen Reizen meist höher als bei auditiven. Bilder bleiben länger in Erinnerung als Worte. Die Überzeugungskraft einer Präsentation erhöht sich durch den Einsatz visueller Hilfsmittel erheblich. Ganz nebenbei haben Visualisierungen noch erwünschte Nebenwirkungen:

- Visualisierungen bringen Abwechslung in eine Präsentation, die Aufmerksamkeit der Teilnehmer bleibt hoch,
- Visualisierungen sind mehrsprachenfähig. Eine Zeichnung müssen Sie nicht übersetzen. Visualisierungen verschaffen dem Präsentierenden Spielraum, weil die Teilnehmer zunächst die Bilder betrachten,
- Man kann Zusammenhänge auf einen Blick darstellen. Dazu müssen Visualisierungen anschaulich und detailarm sein.

Visualisieren ist das bildhafte Umsetzen von Inhalten. Man kann auf sehr verschiedene Art und Weise visualisieren. Einige Grundregeln gelten für alle Visualisierungsformen. Verwenden Sie anders als in einem Buch für Ihre Präsentation auch bei Bildern eine Überschrift: Sie ist kurz und trifft den Kern der Darstellung. In Größe und Schriftstil (fett) muss die Überschrift ins Auge springen. Überschriften müssen oben links oder mittig platziert werden, da unsere Leserichtung von links nach rechts und von oben nach unten verläuft und die Überschrift dem Betrachter als Erstes ins Auge springen soll.
Nachfolgend wird speziell auf Farben, Layout, die Gestaltung von Textfolien, Tabellen und Diagrammen eingegangen. Abschließend folgen Ausführungen zum Thema Bilder und Cartoons.

2.1 Farben

Verwenden Sie Farben sparsam, maximal vier Farben pro Visualisierung. Bleiben Sie immer bei den Grundfarben blau, grün, rot und schwarz. Helle Farben sind schlecht erkennbar. Benutzen Sie Farben einheitlich. Rot hat Signalcharakter und sticht ins Auge. Schwarz eignet sich für die Hauptinhalte und sollte die Grundfarbe bei jeder Visualisierung sein. Achten Sie auf guten Kontrast zwischen Schrift und Hintergrund. Wählen Sie beispielsweise Schwarz auf Weiß statt Gelb auf Blau. Farben sind kulturell besetzt, in Mitteleuropa gilt meist folgende Zuordnung [12, 13]:

- Blau wirkt kühl, beruhigend, hart. Mögliche Assoziationen: Gebotsschilder, Wasser, Himmel, Vertrauen, Zuverlässigkeit,
- Grün wirkt frisch und beruhigend. Mögliche Assoziationen: grüne Ampel, Natur, Frische, Gesundheit,
- Rot wirkt warnend, dynamisch. Mögliche Assoziationen: rote Ampel, Verbotsschilder, Stopp, Gefahr, Leidenschaft, Energie, Zorn,
- Gelb wirkt sonnig, positiv. Mögliche Assoziationen: Sonne, Licht, Freude, Kreativität. Aber auch negative Assoziationen sind möglich: Neid, Eifersucht,
- Schwarz wirkt düster, ausgefüllt. Mögliche Assoziationen: Winter, Schrift, Tod, Dunkelheit, Sachlichkeit,
- Weiß wirkt leer, neutral, sauber. Mögliche Assoziationen: Arzt, Ordnung, Reinheit.

Joachim Klein [14] beschreibt die Wirkung der Helligkeit von Farbe. Jeden Farbton gibt es in vielen Helligkeitsstufen, von zartem Pastell bis hin zum tief dunklen Ton. Eine Farbe wirkt je nach Helligkeit unterschiedlich. Vollfarben erscheinen dynamisch und vital, Pastelltöne dagegen devitalisierend, leblos, fade. Während Rot zu aktivieren scheint, wirkt Rosa statisch und devitalisierend. Ein dunkles Blau hat eine beruhigende und kühle Wirkung, Hellblau hingegen wird oft mit Schwäche assoziiert.

Wenn Sie ein Grafikprogramm verwenden, werden Sie mit einem Überangebot an Farben und Animationsmöglichkeiten überschüttet. Probieren Sie alles in Ruhe aus und machen Sie dann nur spärlich davon Gebrauch. Ein stark verspieltes Schaubild ist unübersichtlich. Daher gilt: Wenn Sie Hintergrundfarben einsetzen, dann nur eine dezente und kontrastschwache Farbe, also beispielsweise Hellgelb, nicht aber Dunkelgrün. Klarheit hat Vorrang vor vermeintlicher Schönheit und Originalität.

2.2 Layout

Entscheiden Sie sich für ein Layout pro Präsentation, d. h., alle Überschriften sind gleich groß, gleichfarbig und immer an derselben Stelle einer Folie. Ihr Logo sitzt beispielsweise immer oben rechts. Die Teilnehmer wissen dann nach der zweiten Folie, was sie an welcher Stelle finden können. Viele Unternehmen haben Normen für die einheitliche Gestaltung von Präsentationen festgelegt. Damit stellt man ein einheitliches Erscheinungsbild sicher, egal von welcher Person des Unternehmens eine Präsentation wann und wo gehalten wird. Festgelegt werden die Schriftgrößen und deren Positionierung, die Strichstärken und Proportionen sowie die räumlichen Bereiche, in denen Texte, Tabellen oder Grafiken dargestellt werden. Ein solches Corporate Design steigert den Wiedererkennungswert und fördert ein einheitliches Qualitätsniveau der Präsentation. Erkundigen Sie sich, ob Ihr Unternehmen einen solchen Präsentationsleitfaden besitzt. Die Leitfäden geben einen Rahmen vor, sie sind jedoch kein Korsett und ersetzen nicht das eigene Denken. Abweichungen sind möglich, sollten aber eine überlegte und begründete Ausnahme sein. Dem Verlust an Einheitlichkeit muss ein Gewinn an Übersichtlichkeit gegenüberstehen.

Visualisieren kann man per Text, Tabelle, Diagramm, Bild, Cartoon, Zeichnung oder Symbol. Immer gilt: Eine Visualisierung muss einfach, präzise und anschaulich sein. Leider gibt es keine Visualisierung, die für alle Teilnehmer gleich gut geeignet ist. Ob sie ihren Zweck erfüllt, hängt vom Vorwissen der Teilnehmer ab, von Ihrer Fähigkeit, Visualisierungen aufzunehmen, und schließlich von den Präsentationszielen [15]. So muss ein Chemiker seine Präsentation in der Marketingabteilung seiner Firma so halten, dass die Marketingmitarbeiter den Kern seiner Idee verstehen und prüfen können, ob sich die Idee vermarkten lässt. Präsentiert er dasselbe Thema bei einem Fachkongress für Chemiker, muss er fachlich tiefer in das Thema einsteigen und entsprechend anders visualisieren.

2.3 Text

Arbeiten Sie nicht mit Negativschriften, verwenden Sie keine helle Schrift auf dunklem Grund. Behalten Sie eine Schriftart für die gesamte Präsentation bei. Verwenden Sie Bildschirmschriften ohne Serifen, das sind Füßchen an den Buchstaben, und meiden Sie Zier- und Schmuckschriften. Gut geeignet sind Schriften wie Arial oder News Gothic. Vermeiden Sie ungewöhnliche Schriften wie *French Script*, *Monotype Cursiva*, **GOOD TIMES** oder **FRANKENSTEIN**.

Die meisten Informationen vermittelt man in Text- oder Zahlenform. Aus der Gesamtmenge muss man die entscheidenden Informationen herausfiltern. Eine vollständige Darstellung der Informationen ist nicht empfehlenswert. Text muss plakativ sein, damit er wirkt [8]. Bei der Textgestaltung helfen folgende Regeln:

- Stellen Sie nur wichtige Kernaussagen als Text dar,
- nehmen Sie maximal sieben Punkte in eine Visualisierung auf,
- verwenden Sie Stichwortaufzählungen statt Fließtext,
- wählen Sie einfache, klare Formulierungen,
- verwenden Sie Groß- und Kleinschreibung. REINE GROSSSCHREIBUNG IST UNLESERLICH,
- wählen Sie serifenlose Schriften, also Bildschirmschriften ohne Füßchen, beispielsweise die Schrift Arial oder News Gothic,

- setzen Sie maximal drei verschiedene Schriftgrößen ein, z. B. 36 Punkt für die Überschrift, 24 Punkt für die Hauptpunkte und, sofern erforderlich, 18 Punkt für Unterpunkte,
- verwenden Sie bei Platzproblemen lieber eine Schrift mit einer engeren Laufweite statt einer kleineren Schrift. Die Folie muss auch für Teilnehmer in der letzten Reihe lesbar sein,
- vermeiden Sie Zusätze in Klammern. Formulieren Sie so, dass aus den Zusätzen Unterpunkte werden oder Erläuterungen nach einem Doppelpunkt.

Nachfolgend sehen Sie zunächst ein gutes (**Bild** 2.1) und dann ein schlechtes Beispiel (**Bild** 2.2) für eine Textfolie.

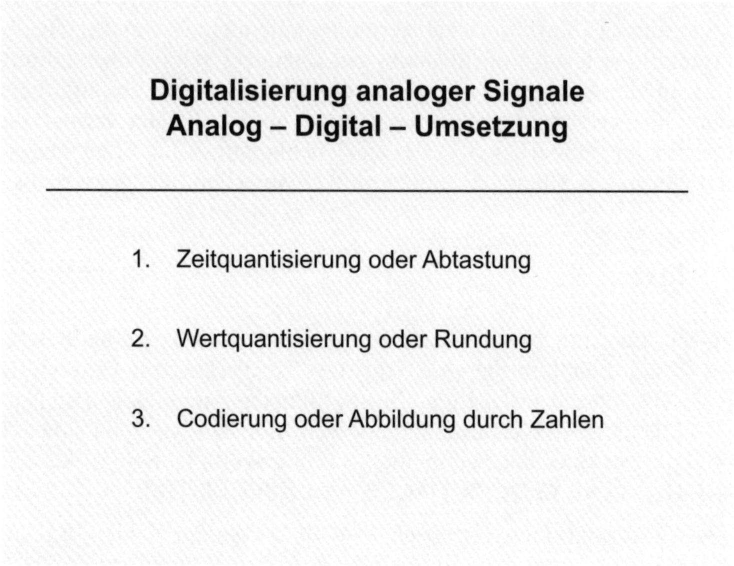

Digitalisierung analoger Signale
Analog – Digital – Umsetzung

1. Zeitquantisierung oder Abtastung

2. Wertquantisierung oder Rundung

3. Codierung oder Abbildung durch Zahlen

Bild 2.1 Übersichtliche Textfolie

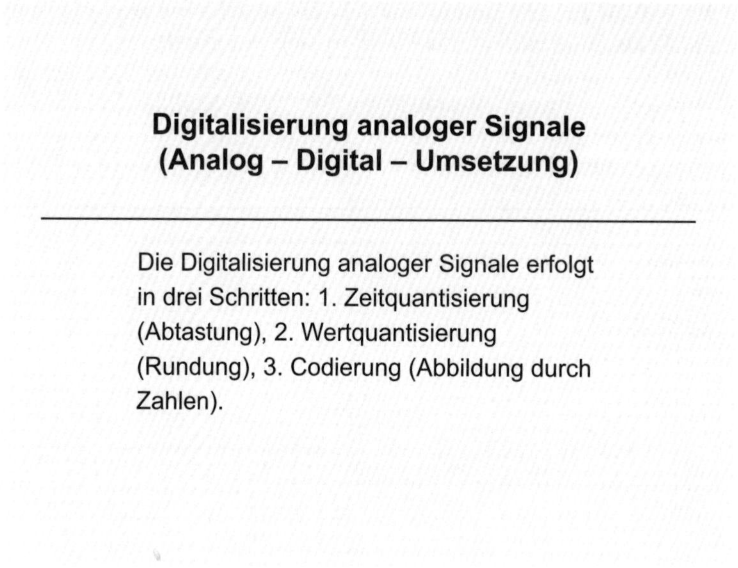

> **Digitalisierung analoger Signale
> (Analog – Digital – Umsetzung)**
>
> Die Digitalisierung analoger Signale erfolgt in drei Schritten: 1. Zeitquantisierung (Abtastung), 2. Wertquantisierung (Rundung), 3. Codierung (Abbildung durch Zahlen).

Bild 2.2 Unübersichtliche Textfolie, gleicher Inhalt wie in Bild 2.1

2.4 Tabellen

Tabellen ordnen Zahlen in eine Reihenfolge und stellen Abläufe oder Beziehungen übersichtlich dar. Setzen Sie Tabellen ein, wenn Zahlen verglichen werden sollen. Beachten Sie folgende Punkte [8, 16]:

- Heben Sie die Kopfzeile und -spalte hervor,
- wählen Sie kurze, prägnante und treffende Überschriften,
- stellen Sie allgemeine Daten wie „Euro" oder „Prozent" in den Kopfspalten oder Kopfzeilen dar statt in jeder Spalte oder Zeile,
- verwenden Sie nur wenige Zeilen und Spalten, damit die Teilnehmer die Tabelle auf einen Blick erfassen können. Oberste Grenze ist eine Tabelle von acht Spalten mal acht Zeilen,
- beschriften Sie Tabellen nur horizontal. Vertikale Beschriftungen hemmen den Lesefluss,
- heben Sie besonders wichtige Zahlen hervor,
- geben Sie in der Legende die Herkunft der Daten an, erklären Sie Abkürzungen,
- übernehmen Sie nicht einfach Tabellen aus Büchern oder Fachartikeln, sondern erstellen Sie Tabellen gezielt für die jeweiligen Teilnehmer und den jeweiligen Präsentationszweck.

Tabelle 2.1 enthält zu viele Daten. Aus der Tabelle 2.1 kann man nichts ablesen, wenn man sie als Folie auflegt. Man verliert sich in Einzeldaten, aus denen man nichts erkennen kann. Die Teilnehmer werden bei solchen Tabellen ermüden und das Interesse verlieren. Visualisieren Sie nicht detailliert und vollständig, sondern nur diejenigen Zahlen, auf die es Ihnen ankommt. Eine Tabelle muss sich dem Teilnehmer auf einen Blick erschließen, wie beispielsweise **Tabelle 2.2**.

	Mo	Di	Mi	Do	Fr	Sa	So
Filiale Hamburg	71	34	24	75	24	45	23
Filiale München	95	23	85	51	22	39	43
Filiale Hannover	38	53	99	59	34	48	65
Filiale Freiburg	50	73	88	35	83	36	24
Filiale Konstanz	32	54	64	65	73	35	76
Filiale Bonn	12	23	34	77	53	31	34
Filiale Köln	98	11	76	33	82	32	34
Filiale Münster	34	42	34	23	92	59	74
Filiale Düsseldorf	64	14	91	11	29	57	56
Filiale Stuttgart	75	56	29	97	28	74	23

Tabelle 2.1 Beispiel für eine unübersichtliche Tabelle. Zugang an Neukunden pro Filiale und Wochentag

Kleinmaterialbestand (Anzahl)	2006	2007	2008	2009
Widerstände, Potentiometer	46 543	47 564	47 394	47 992
Kondensatoren, Trimmkondensatoren	19 245	20 031	20 172	20 005
Spulen, Transformatoren	1 395	1 387	1 388	1 309
Dioden, Gleichrichter	7 772	7 623	7 931	8 210
...	...	...	...	...

Tabelle 2.2 Beispiel für eine übersichtliche Tabelle – Materialnachweisliste Elektronik

Tabelle 2.2 gibt einen Überblick über den Bestand an Bauteilen in einem Lager für elektronische Bauelemente. Viel umfangreicher sollten Tabellen in einer Präsentation nicht sein. In einem Text können Tabellen hingegen umfangreicher sein, da der Leser genügend Zeit hat, sich intensiv mit den Inhalten zu befassen.

Anschaulicher als Tabellen sind Diagramme. Allerdings müssen Sie sich dann entscheiden, welchen Aspekt aus einer Tabelle Sie in einem Diagramm visualisieren wollen. Sie können nicht den Informationsgehalt einer gesamten Tabelle übersichtlich in einem einzigen Diagramm darstellen.

Es ist oft sinnvoll, eine Tabelle in eine Grafik umzusetzen. Gerade wenn es nicht auf die genaue Zahl ankommt, die Größenordnungen wichtiger sind als die exakten Zahlen, kann man mittels einer Grafik einen noch rascheren und bequemeren Überblick erreichen. Mit einer Grafik hebt man immer einen bestimmten Aspekt des Zahlenmaterials hervor, damit fällt der Rest automatisch unter den Tisch. In Präsentationen sollten Sie sowohl bei Bildern als auch Tabellen immer mit Überschriften arbeiten.

2.5 Diagramme

Diagramme vermitteln den Teilnehmern schnell und prägnant Informationen. Ein gutes Diagramm visualisiert genau eine Kernaussage. Platzieren Sie Grafiken in der Mitte und füllen Sie mit dem Diagramm die ganze Fläche aus. Dies gilt für Folien und Flipchartblätter. Verzichten Sie auf dreidimensionale Diagramme. Wenn Sie drei Dimensionen zur Darstellung einer Information benötigen, fertigen Sie lieber mehrere Diagramme an. Wählen Sie Standardsymbole, -schriften und -platzierungen. Die Diagramme sehen dann aus wie aus einem Guss, und die Teilnehmer finden die Informationen schneller. Wir stellen nachfolgend eine kleine Auswahl vor.

Diagramme sind der Königsweg, um große Datenmengen übersichtlich zu gestalten. Man verwendet Linien-, Balken- und Kreisdiagramme. Sie sollten möglichst übersichtlich sein, verzichten Sie auf Details. Stellen Sie nur ganze Zahlen dar, runden Sie großzügig auf und ab. Geben Sie die Quelle und – sofern erforderlich – eine Legende auf der Grafik an, sodass sie vollständig aus sich heraus verständlich ist. Sofern Sie nicht mit Farbe arbeiten, erhält die Strichstärke und gegebenenfalls die Schraffur eine große Bedeutung. Eine gute Orientierung für Standardstrichstärken bietet die in Abschnitt 4.1 der DIN EN ISO 128-20 [17, 18] angeführte Reihe, deren Linienbreiten sich im Verhältnis 1 zu 1,4 fortsetzen. Ein gesundes Verhältnis von Netz zu Achsen zu Kurven ist dabei 1 zu 2 zu 4 (vgl. DIN 461 [19, 20]). Es empfiehlt sich mit drei verschiedenen Standardstrichstärken zu arbeiten:

- dünne Linien für Achsen, Säulen, Balken, Kreise, Tabellen,
- mittelstarke Linien für die Basis von Säulen und Balken, zur Gliederung von Tabellen und Zeitplänen,
- dicke Linien für Kurven und Zeitbalken in Zeitplänen.

Lassen Sie alles Überflüssige, wie Schatten oder Rahmen, weg. Geben Sie in der Legende die Herkunft der Daten an, erklären Sie Abkürzungen.

Liniendiagramme verbinden Zahlen in einem Koordinatensystem, um eine funktionale Abhängigkeit (Funktionsgraphen) zu zeigen. In der Technik finden wir sie beispielsweise als Kennlinien von Bauelementen (**Bild 2.3**) und Maschinen. Eine typische ist die Drehmomentkennlinie eines Ottomotors, die das Drehmoment als Funktion der Drehzahl darstellt. Häufig ist auf der Abszissenachse die Zeit aufgetragen (**Bild 2.4**). Es lassen sich gut Wachstumsentwicklungen, Trends oder Schwankungen erkennen, besonders wenn verschiedene Verläufe miteinander verglichen werden sollen [8, 15].

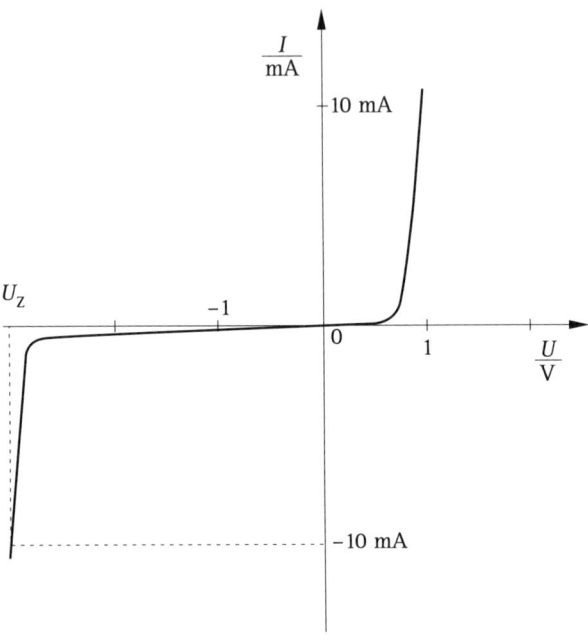

Bild 2.3 Liniendiagramm 1 – Die Strom–Spannungskennlinie einer Z-Diode mit Definition der Durchbruchsspannung U_Z

Liniendiagramme zur Darstellung funktionaler Zusammenhänge sollten vom Verständnis des Begriffs Funktion her zumindest abschnittsweise stetig verlaufen. Ein Beispiel aus der Chemie zeigt **Bild 2.5**.

2.5 Diagramme

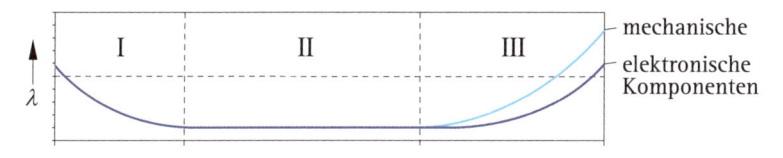

Bereich I: Frühausfälle;
Bereich II: Nutzungsbereich; Bereich III: Verschleißausfälle

Bild 2.4 Liniendiagramm 2 – Ausfallrate λ als kontinuierlich angenommene Funktion der Zeit t (typischer Verlauf), sog. Badewannenkurve [21]

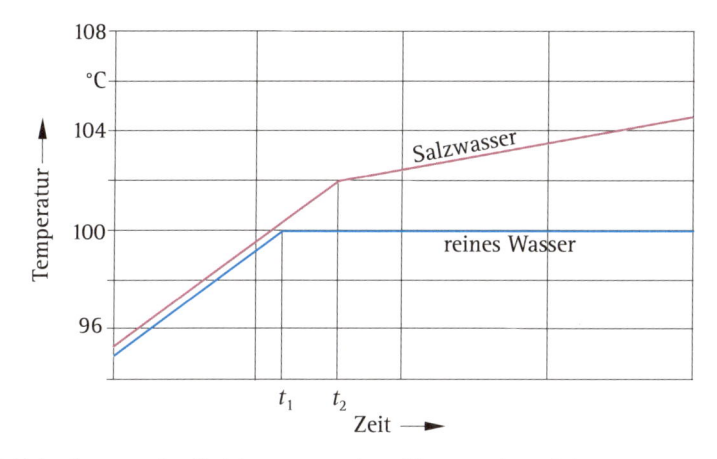

Bild 2.5 Liniendiagramm 3 – Siedekurven von reinem Wasser und von Salzwasser; zum Zeitpunkt t_1 beginnt das Wasser zu sieden, zum Zeitpunkt t_2 siedet das Salzwasser [22]

Es ist hingegen nicht sinnvoll, Größen, die funktional nicht miteinander zusammenhängen und die jeweils diskret auftreten, durch Geraden miteinander zu verbinden. Es ist beispielsweise häufig so, dass zu diskreten Zeitpunkten, wie zu Beginn oder Ende eine Monats, in einem Unternehmen Umsatzzahlen ermittelt werden. In solchen Fällen sind Balkendiagramme besser geeignet als Liniendiagramme.

Bild 2.6 zeigt eine mit der Tabellenkalkulation Microsoft Excel [23] erzeugte Darstellung, in der die verlegten Längen von Erdkabeln für Spannungen 12/20 kV in Abhängigkeit vom jeweiligen Cu-Leiterquerschnitt aufgetragen sind.

Verlegte Längen in Abhängigkeit vom Cu-Querschnitt

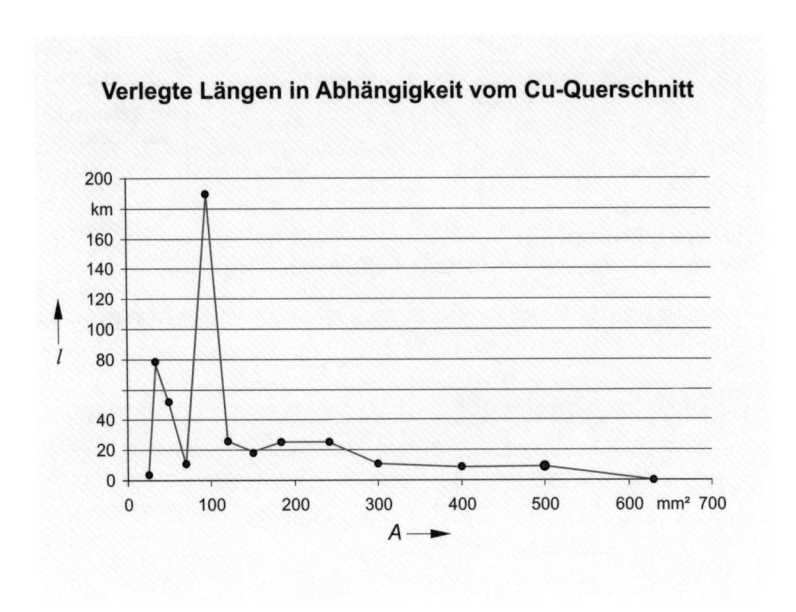

Bild 2.6 Liniendiagramm 4 – verlegte Längen in Abhängigkeit vom Kupferquerschnitt

Die Verbindungslinien zwischen den einzelnen Längenangaben (Punkte) könnten den Eindruck erwecken, dass zu jedem Abszissenwert (Querschnitt) auch ein entsprechender Ordinatenwert (Länge) existiert. Die nachfolgende **Tabelle 2.3** gibt den wahren Sachverhalt wieder: Es gibt nur bestimmte diskrete Kabelquerschnitte, und die zugehörigen Längen sind abhängig vom Versorgungsnetz und haben keinen Bezug zueinander. Betrachten Sie die in Bild 2.6 gezeigte Darstellung als abschreckendes Beispiel.

25 mm²	35 mm²	50 mm²	70 mm²	95 mm²	120 mm²	150 mm²	...
3,7 km	76,6 km	51,5 km	10,4 km	189 km	25,9 km	19,1 km	...

Tabelle 2.3 Verlegte Längen von VPE-Kabeln 12/20 kV im abgelaufenen Jahr für Normkabelquerschnitte

Auch Liniendiagramme sollen ästhetisch gut aussehen. Achten Sie bei Liniendiagrammen auf folgende Punkte:

- Verwenden Sie maximal vier Linien, besser nur drei Linien, sonst verwirren Sie die Teilnehmer.
- Verwenden Sie für jede Linie eine andere Farbe. Falls Sie nur Schwarz und Weiß zur Verfügung haben, verwenden Sie maximal drei Linien, beispielsweise „Volllinie", „Punktlinie" und „Strichlinie". Die x- und y-Achsen (Abs-

2.5 Diagramme

zisse und Ordinate) sind dünn dargestellt, ebenso die Skalierungsstriche. Die Kurven haben dicke Strichstärke.

- Bezeichnen Sie die Linien direkt, eine Legende am Rand erschwert das Verständnis, weil die Teilnehmer mit ihren Augen zwischen Linie und Legende pendeln.

Zeichnen Sie bei Liniendiagrammen den Nullpunkt und normgerechte Achsenbeschriftungen ein. So gehört das Formelzeichen für die beiden Größen (Variablen) direkt an die Richtungspfeile der beiden Achsen oder, wie in den Bildern 2.4 und 2.5 dargestellt, an die Wurzel der beiden getrennt dargestellten Richtungspfeile [19, 20]. Diagramme ohne Nullpunkt und ohne Achsenbeschriftungen sind für eventuelle Gegner ein willkommener Ansatzpunkt, um in der Diskussion einzuhaken.

Säulendiagramme bilden Größenverhältnisse ab und eignen sich für die Darstellung von Zeitreihen und von Häufigkeitsvergleichen. Achten Sie auf folgende Punkte [8, 15]:

- Basislinien haben mittlere Stärke, die übrigen Linien sind dünn.
- Halten Sie das Diagramm einfach und klar. Verwenden Sie zweidimensionale Säulen, verzichten Sie auf Spielereien wie Schatten und dreidimensionale Balken.
- Der Abstand zwischen den Säulen sollte schmal sein. Je dichter die Säulen stehen, desto schneller kann man Informationen aufnehmen. Die Säulen sollten rund 2 cm breit sein und eine Länge von 10 cm nicht überschreiten.
- Heben Sie unterschiedliche Inhalte durch verschiedene Farben voneinander ab. Verwenden Sie maximal vier Farben pro Diagramm. Wenn Sie keine Farben verwenden können oder wollen, heben Sie die wesentlichen Säulen durch unterschiedliche Graustufen oder Muster hervor.
- Falls erforderlich, schreiben Sie die Bezeichnung über oder neben die Säulen, nicht in die Säulen hinein und nicht in eine separate Legende.
- Zahlenwerte stehen über der Säule und sind zentriert.
- Verwenden Sie nicht mehr als zehn Säulen. Wenn Sie mehr Variablen darstellen wollen, wählen Sie ein Balkendiagramm.
- Verwenden Sie eine zweidimensionale Darstellung. Dreidimensionale Darstellungen sind schlecht vergleichbar.

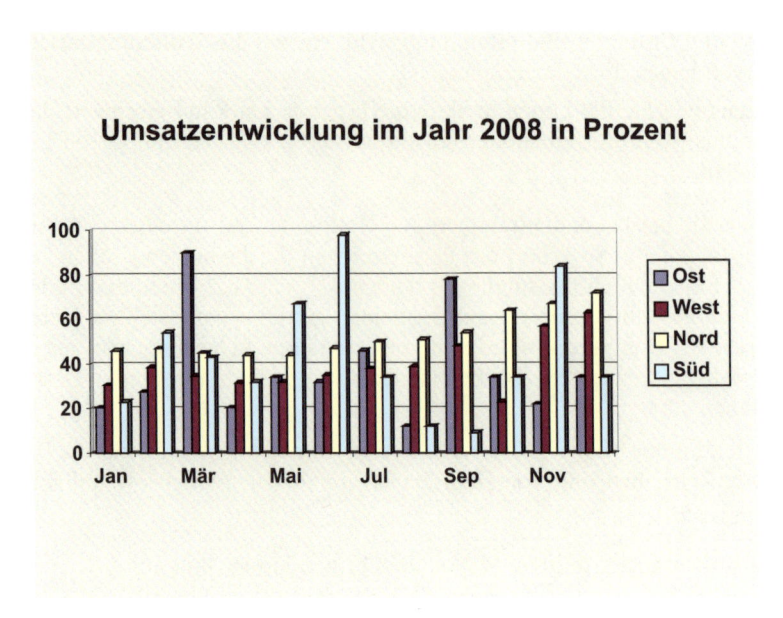

Bild 2.7 Unübersichtliches Diagramm

Bild 2.7 enthält zu viele Säulen. Auch die Legende hilft nicht weiter. Das Diagramm hat keine Zweitüberschrift und ist nicht aus sich heraus verständlich. Für die y-Achse ist keine Maßeinheit angegeben. Die dreidimensionale Darstellung der vielen Säulen liefert keine zusätzliche Information. Vergleicht man die Bilder 2.7 und 2.8 miteinander, erkennt man die Wirkung eines unübersichtlichen und eines übersichtlichen Diagramms.

Bild 2.8 ist übersichtlicher als Bild 2.7. Lediglich die dreidimensionale Darstellung und der graue Hintergrund stören noch. Man erkennt am Vergleich der beiden **Bilder 2.8 und 2.9**, dass eine dreidimensionale Darstellung keine Vorteile bringt.

2.5 Diagramme

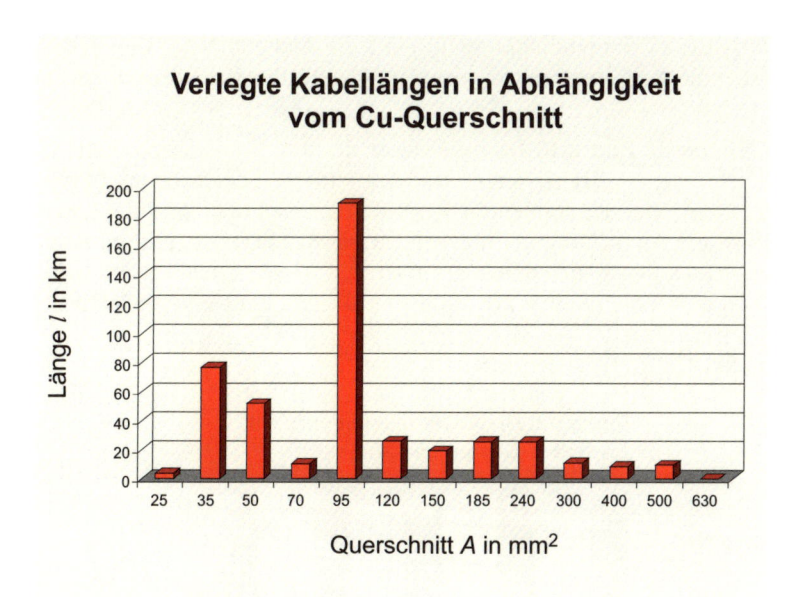

Verlegte Kabellängen in Abhängigkeit vom Cu-Querschnitt

(Länge l in km vs. Querschnitt A in mm^2)

Bild 2.8 Dreidimensionale Darstellung

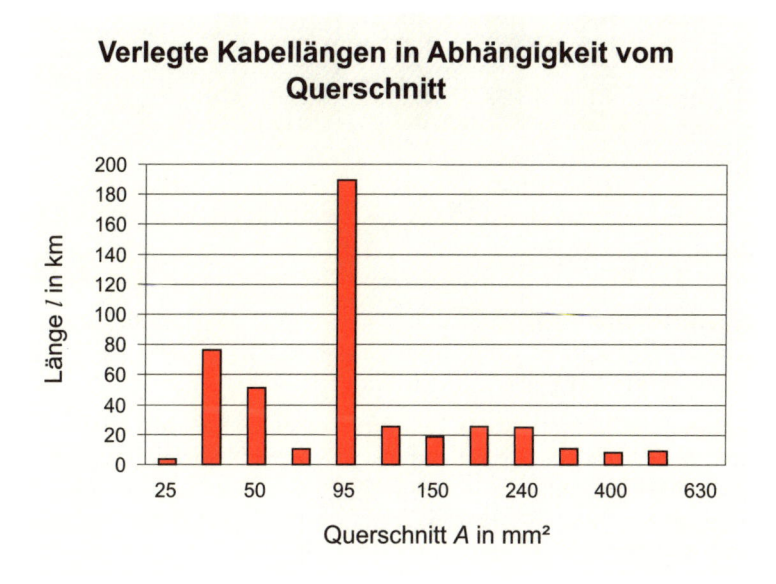

Verlegte Kabellängen in Abhängigkeit vom Querschnitt

(Länge l in km vs. Querschnitt A in mm^2)

Bild 2.9 Zweidimensionale Darstellung

Eine Variante zu Säulendiagrammen sind die Säulenblöcke. Die Verwendung von Säulenblöcken empfiehlt sich, wenn sowohl der Gesamtwert als auch die Teilwerte interessieren.

Das Diagramm in **Bild 2.10** hebt die Quote der drei Halbleiterprodukte „Dioden und Gleichrichter", „Transistoren" und „integrierte Schaltungen" hervor. Zum Vergleich sind über den Säulen die gerundeten, absoluten Anzahlen angegeben. Wichtig ist die Anordnung der hier relevanten Bauelemente (unten) zu den hier nicht relevanten (oben). Erkennbar ist ein leichter Abwärtstrend bei den Halbleitern, der jedoch durch die relative Zunahme der übrigen Bauelemente bedingt ist.

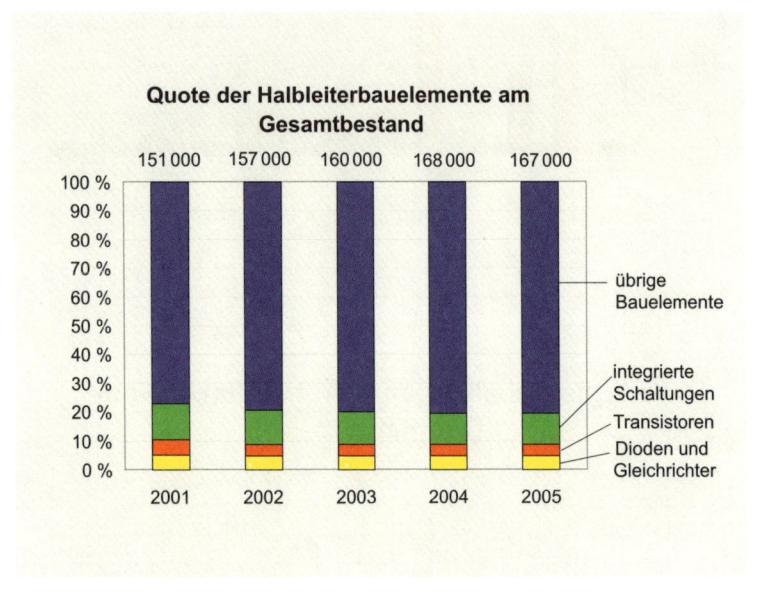

Bild 2.10 Darstellung in Säulenblöcken

Eine weitere Variante von Säulendiagrammen sind Wasserfalldiagramme, die eingesetzt werden sollten, wenn beabsichtigt ist, die Anteile am Gesamtwert hervorzuheben. Ein Beispiel hierfür ist **Bild 2.11**.

Das Diagramm in Bild 2.11 stellt die Einzelkosten in Relation zu den Gesamtkosten dar. Die hier als fix gesetzten Personalkosten bleiben ausgespart, werden wegen des Gesamtzusammenhangs jedoch optisch in das Diagramm integriert. Anders als bei der Darstellung mit Säulenblöcken sind bei Wasserfalldiagrammen die Anteile in absteigender Folge angeordnet. Das suggeriert den Eindruck einer Abwärtsentwicklung – ein Effekt, der bei der Darstellung von Kosten erwünscht

2.5 Diagramme

ist. Bei Umsatz- oder Gewinnzahlen könnte dieser rein optische Effekt jedoch positive Zahlen negativ erscheinen lassen.

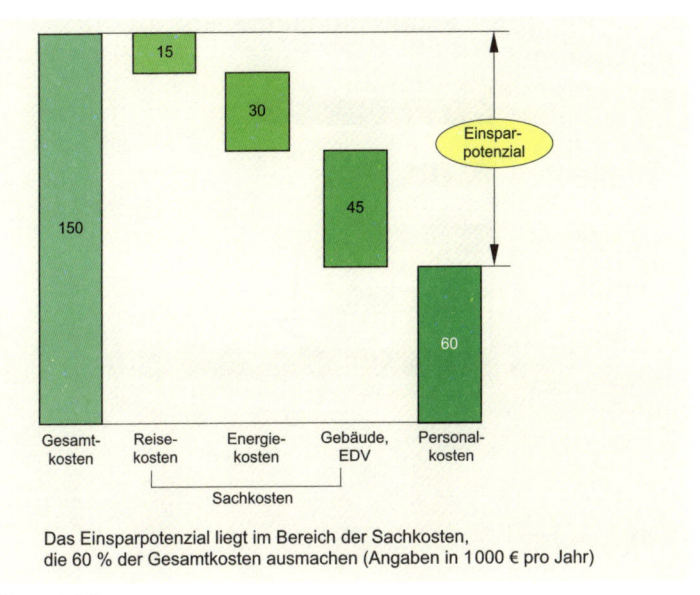

Bild 2.11 Wasserfalldiagramm

Von einem Balkendiagramm (**Bild 2.12**) spricht man, wenn man die Säulen im Quer- statt im Hochformat wählt. Grundsätzlich gelten dieselben Regeln wie für Säulendiagramme. Große Mengen an Variablen kann man besser im Balken- als im Säulendiagramm darstellen. Bleiben Sie aber auch hier möglichst unter zehn Variablen. Müssen es im Einzelfall jedoch mehr sein, bietet sich das Balkendiagramm noch eher an als das Säulendiagramm. Ein Balkendiagramm ist immer dann einem Säulendiagramm vorzuziehen, wenn letzteres einen Abwärtstrend suggerieren könnte, den man gar nicht darstellen möchte, wie in **Bild 2.13**.

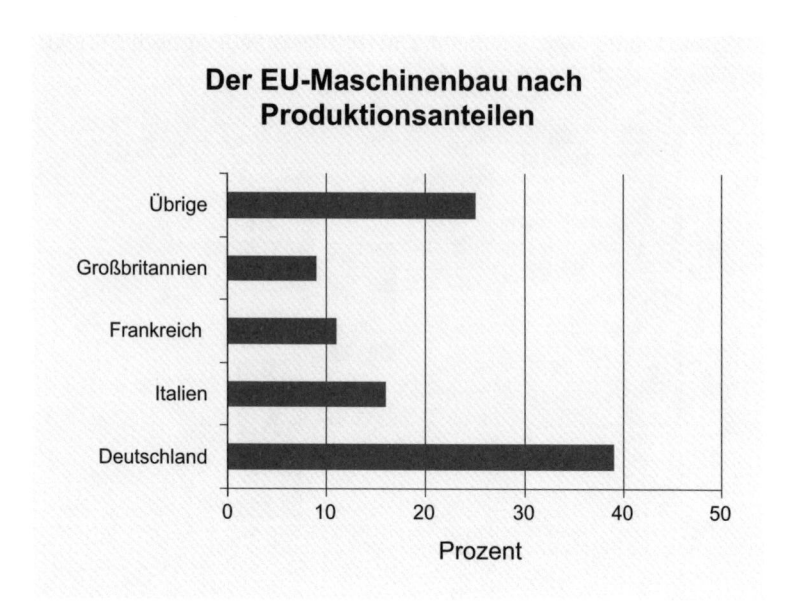

Bild 2.12 Balkendiagramm [24]

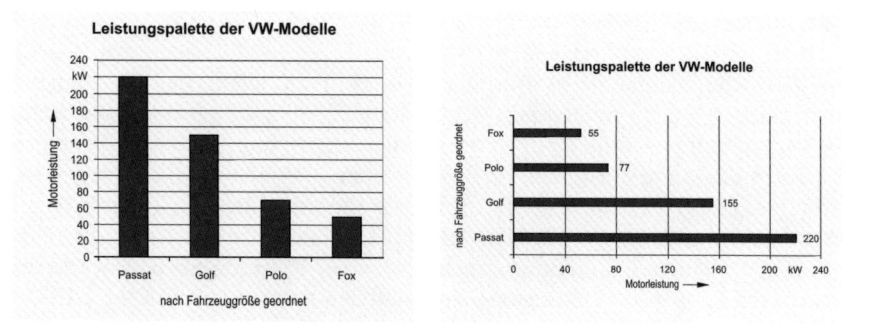

Bild 2.13 Säulendiagramm und Balkendiagramm [25]

Bild 2.13 stellt die Palette der höchsten Motorleistungsklasse je Modell des Autoproduzenten Volkswagen [25] dar. Da die Modelle der Größe nach sortiert sind (Passat – Golf – Polo – Fox), ergibt sich automatisch jeweils ein kleinerer Wert. Ein Säulendiagramm würde einen Abwärtstrend suggerieren, der irreführend wäre. Daher sollte man hier die Darstellung als Balkendiagramm wählen.

Eine besondere Variante von Balkendiagrammen sind Mengenbilder, die Vorteile der quantitativen Aussagen von Balkendiagrammen mit denen einer ikonografischen Anschaulichkeit verbinden [15]. Mengenbilder ähneln einem Balkendia-

2.5 Diagramme

gramm, allerdings werden die Balken in gleiche Teile zerlegt und durch eine gegenständliche Figur (Piktogramm) ersetzt (**Tabelle 2.4**).

Neue PC an Freiburger Schulen im Jahr 2009 pro 10 Schüler				
Hauptschule	💻			
Realschule	💻	💻		
Gymnasium	💻	💻	💻	💻

Tabelle 2.4 Mengenbild mit Piktogramm

Piktogramme müssen eindeutig gewählt sein. Das wesentliche Merkmal des Gegenstands, der dargestellt werden soll, muss erkennbar sein.

Beispiele:

- Verkaufte Bücher: 📖
- Einfamilienhäuser: 🏠
- Telefonanschlüsse Festnetz: ☎

In einem Kreis- oder Tortendiagramm können Sie das Verhältnis von Teilmengen zur Gesamtmenge veranschaulichen (sog. Quote, nicht Rate!). Dazu müssen Sie gegebenenfalls absolute Werte in Prozentwerte umrechnen (**Bild 2.14**).

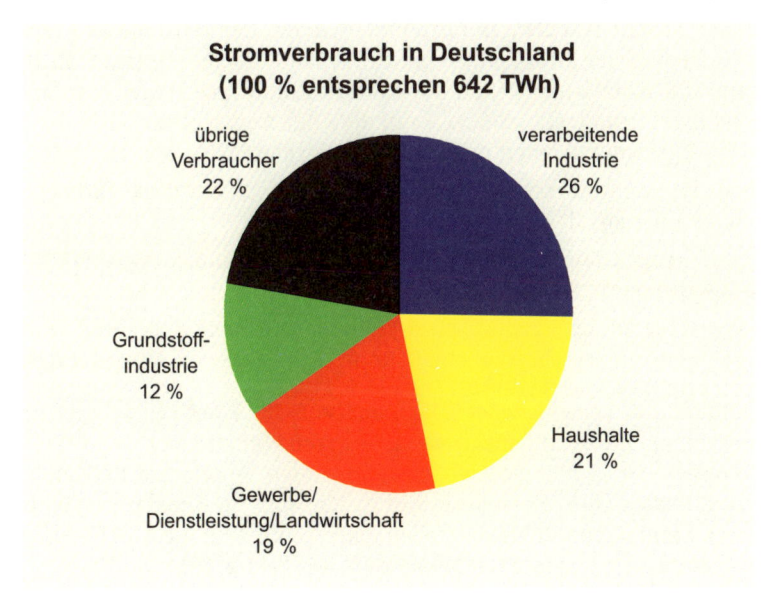

Bild 2.14 Kreisdiagramm [26]

Kreis- oder Tortendiagramme sind meist prozentual aufgeteilt. Oft ist es hilfreich, die absolute Menge einmal zu nennen, hier beispielsweise den mittleren Jahresverbrauch. Die einzelnen Segmente (Tortenstücke) grenzt man farblich voneinander ab, zumindest betont man das zentrale Segment durch eine Schattierung. Im Beispiel, das den Gesamtverbrauch an Energie – geordnet nach den Primärenergien – in einem Jahr zeigt, sind die vier farbigen Segmente interessant. Sie machen beinahe 80 % des Gesamtverbrauchs aus. An dieser Stelle lohnt es sich, Entwicklungskapazität einzusetzen, um die Energieaufnahme und damit Kosten zu reduzieren.

Orientieren Sie sich bei Kreisdiagrammen an folgenden Regeln [8, 15]:

- Die Gesamtprozentangaben, beispielsweise 100 % entsprechen 642 TWh, sind einzeilig und zentriert über dem Kreis darzustellen.
- Schreiben Sie Zahlenangaben in die Segmente hinein, wenn der Platz dazu reicht. Alle Zahlen haben den gleichen Abstand zur Mitte und zum Rand des Kreises.
- Beschriften Sie außerhalb der Kreissegmente möglichst zentriert zum jeweiligen Kreissegment.
- Bei mehr als sieben Segmenten verliert das Kreisdiagramm seine Übersichtlichkeit. Verwenden Sie dann lieber ein Balkendiagramm. Die Kreissegmente dürfen nicht zu klein sein.
- Rechnen Sie alle Angaben in Prozentzahlen um. Der vollständige Kreis bildet 100 %. Die meisten Grafikprogramme rechnen automatisch um. Falls Ihr Programm das nicht kann, gehen Sie nach folgender Faustregel vor: Segmentwinkel α = Prozentzahl $\cdot$ 3,6°. Sie erhalten den Segmentwinkel α, den Sie im Grafikprogramm eingeben müssen. Zum Beispiel 35 %: α = 35 $\cdot$ 3,6°= 126°.
- Heben Sie wichtige Kreissegmente hervor, indem Sie diese farblich kennzeichnen oder aus dem Kreis herausziehen.
- Stellen Sie den Kreis zweidimensional dar. Eine dreidimensionale Darstellung verringert die Übersichtlichkeit.
- Beginnen Sie mit dem ersten Segment in der 12-Uhr-Stellung und ordnen Sie die Segmente, beispielsweise nach Größe. Das erhöht die Übersichtlichkeit.

Eine Kombination verschiedener Diagrammtypen in einer Darstellung überfordert in der Regel die Teilnehmer, nur in Ausnahmefällen kann sie hilfreich sein. Angenommen, Sie wollen jeweils prozentual den Anteil der Reihenklemmen am Gesamtumsatz eines Herstellers und gleichzeitig die Umsatzanteile der verschiedenen Klemmenprodukte darstellen, dann bietet sich die Kombination eines Kreisdiagramms mit einem Säulendiagramm an (**Bild 2.15**).

2.6 Bilder, Symbole, Cartoons

Quote der verschiedenen Anschlusstechniken von Reihenklemmen

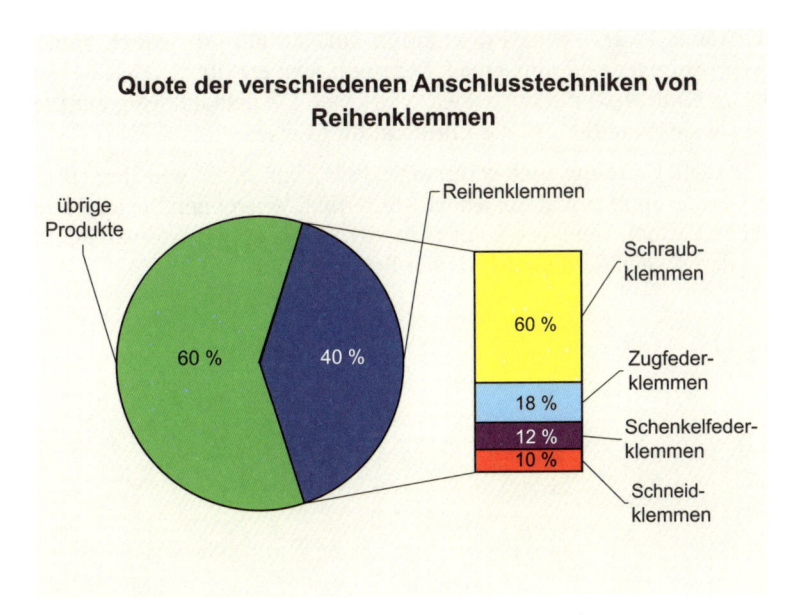

- übrige Produkte: 60 %
- Reihenklemmen: 40 %
  - Schraubklemmen: 60 %
  - Zugfederklemmen: 18 %
  - Schenkelfederklemmen: 12 %
  - Schneidklemmen: 10 %

Bild 2.15 Kombination eines Kreisdiagramms mit einem Säulendiagramm (Werte fiktiv)

Der geübte Diagrammleser erkennt, worum es geht: Ein bestimmtes Segment soll nach einem anderen Sortierkriterium – hier die Anschlusstechnik – als Hauptgruppe im Detail dargestellt werden. Mehr Informationen als im Bild 2.15 sollte in keinem Diagramm enthalten sein.

2.6 Bilder, Symbole, Cartoons

Bilder, Symbole und Cartoons lösen Assoziationen und Gefühle aus. Das kann positiv oder negativ wirken. Deshalb sollten Sie Bilder, Symbole und Cartoons besonders sorgfältig auf Ihre Zielgruppe abstimmen. Die Teilnehmer dürfen nicht verunglimpft werden. Denken Sie daran: Jeder lacht am liebsten über andere.

Bilder, Symbole und Cartoons sollen Interesse wecken und einen schnellen Einstieg ermöglichen. Bilder bieten sich besonders an, wenn Sie Immobilien, Großanlagen oder Grundstücke vorstellen oder auf die Wirkung von Natur oder Landschaft abstellen. Symbole sind optische Kurzdarstellungen von Inhalten. Wenn Sie ein Symbol verwenden, dann verwenden Sie es durchgängig. Beispiele für Symbole sind:

- Parkplatz: Ⓟ
- Restaurant: 🍽

Auch Cartoons lockern eine Präsentation auf, sie müssen jedoch zum Thema passen. Ein witziger und unpassender Cartoon mag erheitern, lenkt aber ab. Das ist nicht im Sinne des Präsentierenden. Verzichten Sie deshalb lieber auf Cartoons, als dass Sie sie zwanghaft in die Präsentation pressen.

So witzig viele Cartoons auch sein mögen, sie leben meist von ihrer Doppelbödigkeit. Gerade diese macht Sie jedoch angreifbar. Verwenden Sie im Zweifelsfall lieber einen Cartoon weniger als einen zu viel. Gute Cartoons spießen ein Problem auf, und damit spießen Sie auch immer Beteiligte auf.

3 Rhetorik

Rhetorik umfasst die Grundmuster der Argumentation sowie Sprachfiguren und Betonungen. Diejenigen Rhetorikregeln, die für Präsentationen wichtig sind, stellen wir in diesem Kapitel vor.

3.1 Argumentationsmuster

Bereits *Otto Walter Haseloff* unterscheidet verschiedene Argumentationsmuster [27]:

- Plausibilitätsargumentation,
- moralische Argumentation,
- rationale Argumentation,
- taktische Argumentation.

Die Plausibilitätsargumentation ist das in der Geschäftswelt am häufigsten verwendete Muster. Sie bezieht sich auf allgemein nachvollziehbare Erfahrungsweisheiten, die eine soziale Gewissheit darstellen, sowie auf unreflektierte Selbstverständlichkeiten. Es ist die Argumentation mit dem gesunden Menschenverstand. Beispiele: „Jeder ist sich selbst der Nächste." oder „Wer einmal lügt, dem glaubt man nicht."

Die moralische Argumentation bezieht sich auf tradierte Werte, denen sich ein Teilnehmer nicht entziehen kann, ohne in Konflikt mit der moralischen Grundhaltung der Gesellschaft zu geraten. Aus den Werten leitet man dann bestimmte Verhaltensweisen ab oder ruft dazu auf, diese zu verwirklichen. Beispiele:

- Wer möchte nicht nach Leistung bezahlt werden?
- Schließlich ist der Vorgesetzte für seine Mitarbeiter verantwortlich.
- Wir stehen in der Verantwortung, diesen Menschen zu helfen.

Die rationale Argumentation bemüht sich um eine klare Beweisführung und ist stark faktenorientiert. Sie nutzt empirische und statistische Daten, um die eigene Position zu untermauern. Häufig erfolgt hier ein Rückgriff auf wissenschaftlich abgesicherte Erkenntnisse.

Zur taktischen Argumentation zählt man die Vorwegnahme möglicher Argumente der Gegenseite, die scheinbare Selbstbekehrung wie „früher war ich auch der Meinung", Zitatmanipulation durch frei erfundene oder aus dem Zusammenhang gerissene Zitate, Scheinzustimmung, Verschiebung der Beweislast wie „Können Sie das Gegenteil beweisen?", Wiederholungen, Suggestivfragen und falsche Alternativfragen. Allein dadurch, dass man die Argumente wiederholt, steigt die Wahrscheinlichkeit der Akzeptanz. Bei falschen Alternativfragen wird eine Scheinalternative vorgeschlagen, z. B.: „Möchten Sie Modell Alpha oder Modell Beta kaufen?" Die entscheidende Frage wäre in diesem Fall gewesen, ob man überhaupt kaufen möchte.

Otto Walter Haseloff hat diese vier Argumentationsmuster auf ihre Wirksamkeit untersucht [27]. Die Ergebnisse sind in **Tabelle 3.1** dargestellt.

	anfängliche Wirkung	nachhaltige Wirkung	Stabilität gegen konkurrierende Argumente	Verbindbarkeit mit anderen Argumenten	Größe des Ansprechkreises
Plausibilität	+++	+	+	++	+++
Moral	+	++	+++	+	+
Rationalität	++	++	++	+++	+
Taktik	++	+	+	+	++

Drei Pluszeichen (+++) symbolisieren sehr starke Wirkung, zwei Pluszeichen (++) stehen für starke Wirkung, und ein Pluszeichen steht für Wirkung (+)

Tabelle 3.1 Die Wirksamkeit von Argumentationsmustern (nach [27])

Plausibilitätsargumente wirken anfänglich einleuchtend, werden rasch akzeptiert und wirken auf fast alle Zielgruppen. Daher eignet sich eine Plausibilitätsargumentation besonders für die Einleitung einer Präsentation. Beispielsweise setzt man Sprichwörter, Zitate oder den sog. gesunden Menschenverstand ein. Von plausiblen Einzelbeispielen, wie einem korrupten Manager, schließt man auf die Gesamtheit. „Wenn schon der Vorstand korrupt ist, wie ist es dann erst mit den anderen Mitarbeitern?" Eine solche Argumentation wirkt zwar einleuchtend, ist aber logisch falsch. Der Schluss von einem Einzelbeispiel auf die Gesamtheit ist nicht zwingend.

Rationale Argumente wirken nüchtern, sachlich, kompetent. Sie sind für den Mittelteil einer Präsentation zu empfehlen, da sie Zweifeln und Nachfragen standhalten; außerdem besteht die Möglichkeit, sie mit anderen Argumenten zu verbinden, wie genauen Quellenangaben, unüberschaubaren Zahlen, die meist von vornherein als richtig akzeptiert werden, schriftlichen und statistischen Belegen oder Kausalketten.

Die moralische Argumentation richtet sich an das Gewissen der Teilnehmer. Die Argumente wirken dauerhaft und eignen sich daher für den Schlussappell einer Präsentation. Man beruft sich auf höhere Werte wie Leistung, Gerechtigkeit, Ehrlichkeit und Verantwortung, häufig auch auf Vorbilder.

Ein Muster fehlt bei *Otto Walter Haseloff* [26]; die emotionale Argumentation, bei der Gefühle angesprochen werden. Emotionale Argumente wirken schnell und dauerhaft, verfehlen jedoch vollständig ihre Wirkung bei rational orientierten Zielgruppen. Emotionale Hilfsmittel sind Pathos, Appelle an das Mitgefühl, Komplimente, Feindbilder, Angriffe auf Dritte.

3.2 Rhetorischer Dreisatz und Alternativen

Der rhetorische Dreisatz ist einfach, klar und fast immer einsetzbar. Wenn Sie ihn gekonnt einsetzen, kommen Sie gut durch die meisten Präsentationen. Er ist eingängig und eignet sich für Präsentationen und Stegreifreden. Er ist eine rhetorische Allzweckwaffe. Daher orientiert sich dieses Kapitel an dem Dreisatz:

- Einleitung: Führt zum Thema hin,
- Hauptteil: Behandelt das Thema,
- Schluss: Fasst zusammen, gibt Ausblick.

Wenn Sie sich in Ihren Präsentationen an diesem Grundmuster orientieren, vermeiden Sie Missverständnisse. Der Dreisatz ist eine Gliederungshilfe, die man flexibel anpassen kann. Eine Präsentation über Maßnahmen gegen „Wirtschaftskriminalität im Management" könnte man beispielsweise so beginnen:

- Ist-Zustand: Immer wieder werden Fälle bekannt, in denen Staatsanwälte aufgrund wirtschaftskrimineller Handlungen gegen Manager ermitteln. Das schädigt das Ansehen von Managern insgesamt.
- Soll-Zustand: Die Zahl wirtschaftskrimineller Manager muss drastisch sinken, um das Bild des Managers in der Öffentlichkeit nicht dauerhaft zu schädigen.
- Handlung: Unsere Vorschläge sind: Mehr Aufklärung, schärfere Kontrollen, höhere Strafen, gesellschaftliche Ächtung.

Die Dreisatzstruktur können Sie an fast jedes Thema anpassen; hier ein weiteres Beispiel:

- Ist-Zustand: Immer mehr Mitarbeiter kommen zur Arbeit, wann sie wollen.
- Soll-Zustand: Ein pünktlicher Arbeitsbeginn ist zwingend erforderlich, weil die Anlage nur produzieren kann, wenn alle Bedienerplätze besetzt sind.
- Appell: Ich erwarte, dass Sie spätestens um 7.55 Uhr vor Ort sind, damit wir um 8.00 Uhr beginnen können.

Als Faustregel gilt: Kalkulieren Sie für die Einleitung 15 % der Zeit, für den Hauptteil 70 % und für den Schluss 15 % ein. Auf ein Prozentpünktchen kommt es nicht an, schließlich sollen Sie nicht mit der Stoppuhr hantieren, sondern einen Anhaltspunkt für Ihre Grobplanung haben. Anfang und Ende der Präsentation sind besonders wichtig. *Peter Kürsteiner* bringt es auf den Punkt (S. 47 in [28]): „Der Anfang prägt – das Ende haftet." Deshalb investieren „alte Hasen" viel Energie in die Einleitung und den Schluss – es lohnt sich.

Der rhetorische Dreisatz und seine Variationen tragen weit. Für den Fall, dass der Inhalt einmal gar nicht zum Dreisatz passt, empfehlen wir als Alternativen die Standpunktformel, den Fünfsatz, den dialektischen Aufbau, die Wittsack-Formel oder das schrittweise Vorgehen. Jede dieser Alternativen wird nachfolgend kurz vorgestellt.

Nach der *Standpunktformel* geht man so vor:

- Standpunkt formulieren: Meinung, Auffassung, Forderung. Beispiel: Das neue Marketingkonzept muss sofort umgesetzt werden!
- Begründung: Warum gerade diese Meinung, Auffassung, Forderung? Beispiel: Wir verlieren seit sechs Monaten Marktanteile, vor allem wegen der aggressiven Marketingkampagne unseres Hauptwettbewerbers. Damit ist unsere Position im Handel gefährdet.
- Beispiel einführen zur Veranschaulichung abstrakter Gründe: Erst letzte Woche hat die Firma *xyz*, bislang unser bester Kunde, die Bestellungen für das nächste Quartal um 30 % verringert.
- Schlussfolgerung: Zusammenfassende Aussage darüber, warum die Meinung oder Auffassung zwingend, die Forderung berechtigt ist. Beispiel: Wenn wir nicht eingreifen, werden wir aus dem Markt gedrängt. Die Marktforschung hat schonungslos unsere Schwächen aufgedeckt und zeigt den Weg, wie wir diese ausmerzen können.
- Aufforderung: Appell an die Hörer, sich der Auffassung anzuschließen und für die Forderung einzutreten. Beispiel: Daher fordere ich Sie auf: Unterstützen Sie uns bei der Umsetzung des neuen Marketingkonzepts.

Bewährt ist auch der *Fünfsatz*, der einen etwas größeren Bogen spannt als der Dreisatz [29]:

- Problembeschreibung: Der Verkehr in unserer Stadt hat in den letzten fünf Jahren drastisch zugenommen.
- Auswirkungen auf das Umfeld: Die Lärmbelästigung ist besonders nachts für die Anwohner unerträglich, die Kinder sind auf dem Schulweg stark unfallgefährdet, und die Autoabgase haben zu gravierenden Gebäudeschäden geführt und vergiften unsere Luft.
- Mögliche Lösungen: Wir können die alte Durchgangsstraße ausbauen oder eine neue Umgehungsstraße bauen.

- Bewertung der Lösungen: Die Erweiterung der alten Durchgangsstraße mit dem Bau von Lärmschutzwällen wäre die schnellste und kostengünstigste Lösung. Allerdings würden wir dadurch nur den Lärm mindern, und das Abgasproblem bliebe erhalten. Der Neubau einer Umgehungsstraße würde die genannten Probleme beheben, wäre aber wesentlich teurer und würde das Naturschutzgebiet zerstören.
- Schlussfolgerung, Empfehlung: Wägt man die Lösungen gegeneinander ab, plädiere ich für den Ausbau der alten Durchgangsstraße.

In manchen Fällen bietet sich ein dialektischer Aufbau an, der stark kontrastiert und zwei Standpunkte gegenüber stellt:

- These: Die neue Umgehungsstraße würde die Lärmbelästigung für die Anlieger beseitigen. Die Nachtruhe ist ein hohes Gut. Ständiger Lärm führt zu Gesundheitsschäden.
- Antithese: Andererseits würde die neue Umgehungsstraße das Naturschutzgebiet zerschneiden und zerstören.
- Synthese und Folgerung: Daraus ergibt sich: Wir müssen abwägen zwischen den Interessen der Anwohner und den Schutzzielen des Naturschutzgebiets. Folgerungen: Unter Abwägung aller Interessen plädiere ich für den Ausbau der alten Durchgangsstraße.

Richard Wittsack hat ein Frage-Leitsystem entwickelt, das sich anbietet, wenn man nicht nur kritisieren, sondern konstruktiv zur Lösung beitragen möchte [30]:

- Motivation: Warum spreche ich? „Ich habe mich geärgert über das defekte Flipchart im Präsentationsraum."
- Ist-Zustand: Was ist das Problem? „In der Hälfte der Präsentationsräume ist die technische Ausstattung nicht voll funktionsfähig. In einigen Räumen ist das Flipchart beschädigt, in anderen fehlen die Moderationstafeln."
- Soll-Zustand: Wie soll es sein? „Jeder Präsentationsraum muss voll ausgestattet und funktionsfähig sein. Wir schaden unserem Image als interner Dienstleister, wenn die Präsentierenden der anderen Abteilungen selbst für die volle Funktionsfähigkeit der Räume sorgen müssen."
- Lösungen: Wie kann man eine Lösung erreichen? „Wir brauchen einen Verantwortlichen, der jeden Abend durch die Räume geht und die Ausstattung prüft, Ersatzlampen in die Overheadprojektoren einsetzt, Stifte austauscht, Flipchartpapier nachfüllt usw."
- Appell: Wer muss was zur Lösung beitragen? „Daher bitte ich Sie, unterstützen Sie dieses Vorhaben bei Herrn Gellner. Er kann uns eine weitere Kraft zur Verfügung stellen. Und er wird das tun, wenn wir einig auftreten."

Wenn Sie starken Widerstand erwarten, müssen Sie Ihre Präsentation so aufbauen, dass Sie die Teilnehmer zuerst für sich einnehmen und danach Ihre Sachbotschaft präsentieren. In solchen Fällen ist ein schrittweises Vorgehen [31] erfolgversprechend:

- Schritt 1: Sagen, was die andere Seite hören will. Betonung von Gemeinsamkeiten und unstrittigen Punkten, deutlichen Teilnehmerbezug herstellen. Die Teilnehmer müssen den Eindruck gewinnen, „Hier spricht ein sympathischer Mensch mit ähnlichen Grundüberzeugungen und Zielen, dem man glauben kann."
- Schritt 2: Sagen, was man nicht sagen will. Einschränkung des Themas, mit Begründung der Einschränkung oder kurzer Würdigung der Punkte, die von den Teilnehmern erwartet werden, die aber ausgeklammert werden sollen. Die Teilnehmer sollen den Eindruck gewinnen, „Hier spricht ein kompetenter Mensch, der weiß, wovon er redet."
- Schritt 3: Sagen, was man sagen will. Jetzt kommen die eigenen Argumente und das Entkräften möglicher Einwände. Hier kann man beispielsweise einen Fünfsatz einfügen. Begründen Sie Vorschläge mit Vorteilen für die Teilnehmer, lehnen Sie Gegenvorschläge niemals direkt ab, fragen Sie nach Begründungen. Die Teilnehmer müssen den Eindruck gewinnen, „Hier argumentiert ein Mensch, der meine Einwände sachlich behandelt und der mich ernst nimmt."
- Schritt 4: Sagen, was behalten werden soll. Zielsatz formulieren, Zusammenfassen, Appell senden. Die Teilnehmer müssen den Eindruck gewinnen, „Jetzt ermöglicht mir ein sympathischer Mensch, ohne Gesichtsverlust meine Meinung zu ändern."

Unterschiedliche Meinungen lassen sich nicht im Handstreich zusammenführen. Wenn Sie laut Ihre abweichende Meinung von sich geben, verspielen Sie die Chance auf Einigung oder Überzeugung. Äußerungen „So ein Unsinn!" werten den anderen ab. Er kann Ihnen gar nicht mehr zustimmen, selbst wenn er es wollte. Der Gesichtsverlust wäre zu groß. Zustimmung erreichen Sie nur schrittweise (**Bild 3.1**).

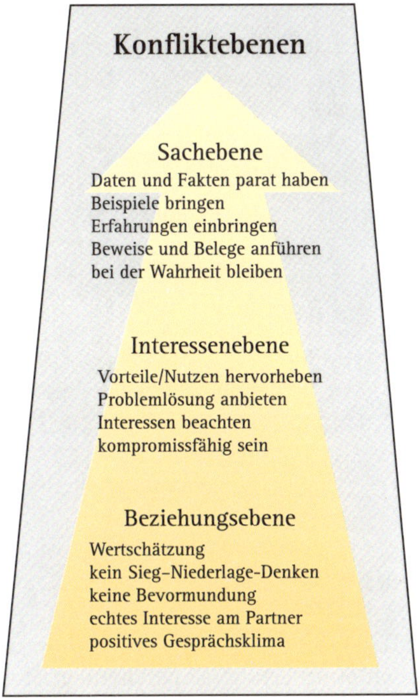

3.2 Rhetorischer Dreisatz und Alternativen

Konfliktebenen

Sachebene
Daten und Fakten parat haben
Beispiele bringen
Erfahrungen einbringen
Beweise und Belege anführen
bei der Wahrheit bleiben

Interessenebene
Vorteile/Nutzen hervorheben
Problemlösung anbieten
Interessen beachten
kompromissfähig sein

Beziehungsebene
Wertschätzung
kein Sieg-Niederlage-Denken
keine Bevormundung
echtes Interesse am Partner
positives Gesprächsklima

Bild 3.1 Zustimmung schrittweise erreichen [32]

Nehmen Sie die Teilnehmer auf der Beziehungsebene für sich ein. Wenn Sie ein positives Klima hergestellt haben, wägen Sie die Interessen ab und gehen schließlich zur Sachargumentation über. Sie gewinnen Teilnehmer mit abweichenden Meinungen nur, wenn Sie die Gemeinsamkeiten und Unterschiede zwischen Eigen- und Fremdinteressen erkennen und verstehen – und wenn Sie zu Zugeständnissen bereit sind (**Bild 3.2**).

Der Prozess des Abwägens zwischen Eigen- und Fremdinteressen muss sichtbar werden. Keinem ist gedient, wenn Sie im stillen Kämmerlein einen Kompromiss basteln, den Sie den Teilnehmern fertig vorsetzen. Die Teilnehmer erkennen den Prozess des Abwägens nicht und verhalten sich ablehnend. Ein solcher Kompromiss scheitert nicht am Inhalt, sondern am ungelenken Vorgehen. Derselbe Kompromissvorschlag, erkennbar im Ringen aller Beteiligten geboren, hätte größere Erfolgschancen. Auch wenn es langsam ist, einen schnelleren Weg gibt es nicht.

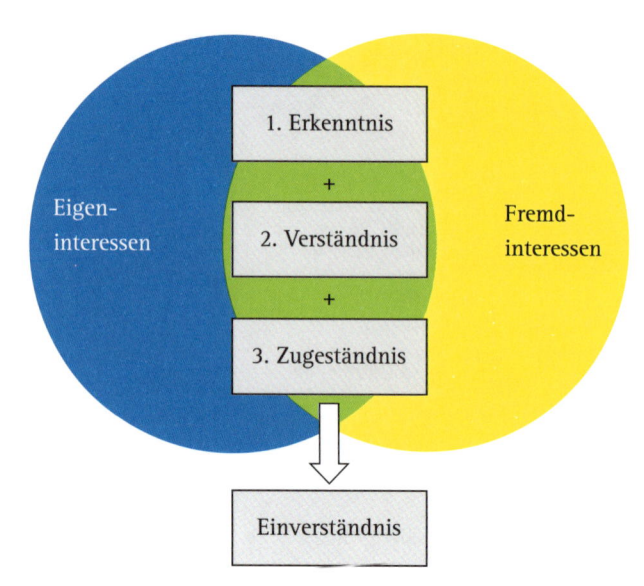

Bild 3.2 Einverständnis herstellen

Der Bildungsstand der Teilnehmer entscheidet darüber, ob eine einseitige oder eine zweiseitige Argumentation erfolgversprechender ist. Von einseitiger Argumentation spricht man, wenn nur solche Argumente genannt werden, die den eigenen Vorschlag stützen. Von zweiseitiger Argumentation spricht man, wenn auch Gegenargumente genannt werden. Dabei gilt: Eine zweiseitige Argumentation wirkt generell glaubwürdiger und verhindert Reaktanz, also eine Gegenreaktion auf eine empfundene Einengung der Entscheidungsfreiheit. Bei einseitiger Argumentation fühlen sich manche Menschen in die Ecke gedrängt und reagieren mit Reaktanz – sie machen gerade das Gegenteil vom Vorgeschlagenen. Eine zweiseitige Argumentation ist der einseitigen in aller Regel überlegen. Sie sollten daher die wichtigsten Gegenargumente in Ihrer Darstellung berücksichtigen. Wenn Sie nicht selbst auf die Gegenargumente eingehen, werden das Ihre Gegner tun. Behalten Sie das Heft in der Hand und bestimmen Sie selbst, wann und wie Sie Gegenargumente einführen. Insgesamt wirken Sie umso überzeugender,

- je mehr Sie den Eindruck erwecken, ohne Hintergedanken zu sprechen,
- je offener Sie Ihre Absichten zugeben (das gilt nicht für alle Themen),
- je ähnlicher Ihre anfangs geäußerten Ansichten denen der Teilnehmer sind,
- je konkreter und klarer Sie Vorschläge formulieren.

Die zweiseitige Argumentation wirkt nur, weil und solange Sie glaubwürdig bleiben. Sollten die Teilnehmer den Eindruck haben, dass Sie mit dieser Technik zu manipulieren versuchen, ist Ihre Glaubwürdigkeit erschüttert. Sobald Sie Ihre Glaubwürdigkeit verloren haben, sind Sie kommunikativ unwirksam. Selbst wenn Sie zutreffende Argumente verwenden, wird Ihnen niemand mehr glauben.

3.3 Redefiguren

Steigern Sie die Wirksamkeit Ihrer Argumentation durch Redefiguren. Die Redekunst wurde bereits in der Antike gepflegt, die Namen der Stilmittel stammen daher oft aus dem Griechischen oder Lateinischen. Die Wirkung von Redefiguren ist subtil. Die folgende Aufzählung listet die gängigen Redefiguren auf. Wichtig ist nicht der lateinische oder griechische Name, der wegen der korrekten Bezeichnung nachfolgend verwendet wird, sondern die Wirkung. In **Tabelle 3.2** sind die wichtigsten Redefiguren dargestellt.

Die am häufigsten verwendeten Redefiguren sind rhetorische Fragen und Metaphern. Auf rhetorische Fragen erwartet der Fragende keine Antwort. Stellen Sie sich vor, Ihr Chef sagt in einer Besprechung: „Wie viele Hartz-IV-Empfänger wären froh, wenn sie einen so schönen Arbeitsplatz hätten wie Sie?" Abgesehen davon, dass diese rhetorische Frage unglücklich ist, kann sie im Raum stehen bleiben, weil die gewünschte Antwort jedem klar ist. In vielen Fällen beantwortet der Präsentierende die Frage unmittelbar selbst. „Wie viele Studenten brechen ihr Studium ab?" Kurze Pause, Blickkontakt herstellen, dann erfolgt die Antwort: „Ein Fünftel der Studenten bricht das Studium ohne Abschluss ab."

Sprechen Sie anschaulich, Sie werden besser verstanden und wirken glaubwürdiger. Mit anschaulichen Redewendungen, besonders mit Metaphern, erzeugen Sie bei Ihren Zuhörern konkrete Vorstellungen. Diese Bilder überleben die mächtigsten Worte und werden schneller aufgenommen als Abstraktionen. Deshalb beginnen Versicherungsvertreter gerne mit einem Bild: „Stellen Sie sich vor, Sie verunglücken morgen. Was wird dann aus Ihrem Partner/Ihrer Partnerin, was wird aus Ihren Kindern?" Durch den Sprechanteil einer Präsentation prasselt eine Unmenge von Informationen auf die Teilnehmer ein. Gönnen Sie ihnen eine Pause, und regen Sie mit Metaphern die Vorstellungskraft der Teilnehmer an. Allerdings besteht dann auch das Risiko, ungewollt negative Emotionen auszulösen. *Malcom Kushner* [33] schildert beispielsweise folgende Analogie, die zu einer Abwehrhaltung führen kann: „Der Versuch, die Führungsebene zu analysieren, ist wie die Erfindung des Yetis. Man sieht Fußspuren, aber nie das Ding selbst." So amüsant das zunächst klingen mag, so sehr wertet man implizit mit dieser Analogie Führungskräfte pauschal ab und beleidigt sie. Wer möchte schon mit einem Yeti oder einem „Ding" verglichen werden?

Name	Definition	Beispiel
Anapher	Wiederholung eines oder mehrerer Wörter	Geld war ihr Ziel, Geld war ihr Mittel, Geld war ihr Untergang
Aphorismus	Sinnspruch	Lügen haben kurze Beine
Asyndeton	Wort- oder Satzreihe, deren Glieder nicht durch Konjunktionen verbunden sind	Veni, vidi, vici. – Ich kam, sah, siegte
Chiasmus	syntaktische Stellung von kreuzweise aufeinander bezogenen Worten oder Redeteilen	Groß war der Einsatz, der Gewinn war klein
Contradictio in adiecto	Widerspruch zwischen zwei zugeordneten Worten	Diskret wie ein Kanonenschuss
Correctio	absichtliche Verbesserung	Ich finde den Vorschlag gut. Nein, ich finde ihn genial
Klimax	Steigerung	Nicht morgen, nicht heute, sondern sofort!
Metapher	Übertragung eines anschaulichen Ausdrucks auf etwas Abstraktes	Die Abwehr war nicht sattelfest
Paradoxon	Scheinbar unsinnige Behauptung, die aber bei genauerer Analyse auf eine höhere Wahrheit hinweist	Es ist merkwürdig, wie wenig im Ganzen die Erziehung verdirbt
Parallelismus	gleichmäßiger Bau von Sätzen	Herr Keul hat versagt. Herr Nix hat versagt. Herr Hauer hat versagt
rhetorische Frage	um der Wirkung willen gestellte Frage ohne Antworterwartung	Hätten Sie das erwartet? Hätte das etwas geändert?
Wiederholung	Verdoppelung eines Worts	Niemals, niemals würde ich ...
Wortpaare	feste Redewendung aus zwei Wörtern gleicher Wortart	Wind und Wetter Land und Leute

Tabelle 3.2 Die wichtigsten Redefiguren

Arbeiten Sie hin und wieder mit Wir-Sätzen. Statt „Ich mache Ihnen das jetzt mit einem Beispiel klar." sagen Sie: „Dazu schauen wir uns jetzt ein Beispiel an." Der erste Satz wirkt oberlehrerhaft und setzt die Teilnehmer herab. Verwenden Sie Wir-Sätze aber nur, wenn sie zur Situation passen. Falsch wäre es, wenn ein Familienvater seine zwei Kinder ins Bett stecken will und sagt: „Wir wollen jetzt aber ins Bett gehen." Die Kinder werden rebellieren, in diesem Fall zu Recht. Sie wollen nämlich nicht ins Bett, und der Vater will schon gar nicht ins Bett, der will nämlich noch in Ruhe Zeitung lesen, wenn die beiden Kinder im Bett sind. Falsche Wir-Sätze untergraben Autorität und Glaubwürdigkeit. Wenn Sie Ihre eigene Meinung äußern, bleiben Sie bei Ich-Sätzen. „Ich möchte, dass ihr zwei jetzt ins Bett geht."

3.4 Stichworttechnik

Was genau soll man schriftlich vorbereiten? Schreiben Sie nicht wörtlich auf, was Sie vortragen, denn das Risiko ist groß, dass Sie Ihre Präsentation ablesen und jegliche Spontanität verlieren. Lesen können die Teilnehmer besser selbst, wenn sie allein zu Hause sind. Sie sind gekommen, um Sie zu hören und zu sehen. Ganz ohne Stichworte geht es jedoch auch nicht. In der Aufregung vergisst man leicht wichtige Punkte. Praktikabel ist es, die ersten und letzten Sätze wörtlich festzulegen und im Mittelteil Stichworte zu verwenden. Arbeiten Sie mit Stichwortkarten in der Größe DIN A6 [34, 35]. Ein positiver Nebeneffekt besteht darin, dass Sie durch das Halten der Karten elegant Ihre Hände versorgt haben. Auch wenn es trivial klingt: Schreiben Sie leserlich und beschreiben Sie nur eine Seite der Stichwortzettel. Nummerieren Sie die Zettel durch. Das werden Sie zu schätzen lernen, wenn Ihnen die Stichwortkarten zum ersten Mal heruntergefallen sind.

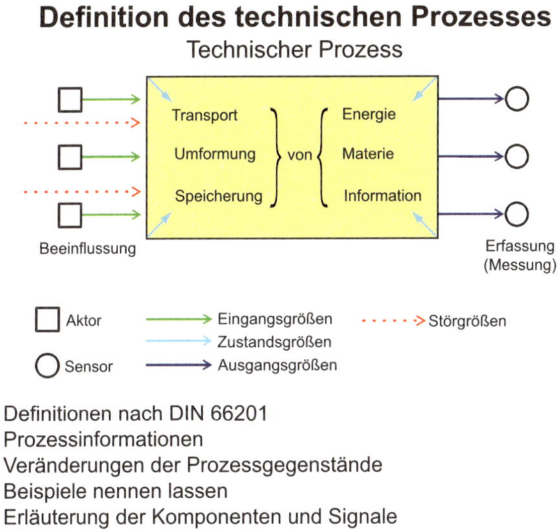

Definition des technischen Prozesses
Technischer Prozess

Transport
Umformung } von { Energie
Speicherung   Materie
                 Information

Beeinflussung   Erfassung
                                        (Messung)

☐ Aktor   → Eingangsgrößen   ·····> Störgrößen
             → Zustandsgrößen
○ Sensor   ⎯→ Ausgangsgrößen

Definitionen nach DIN 66201
Prozessinformationen
Veränderungen der Prozessgegenstände
Beispiele nennen lassen
Erläuterung der Komponenten und Signale

Bild 3.3 Ausdruck einer PowerPoint-Folie mit Ergänzungstext – Notizseitenansicht [37]

Wenn Sie mit einem Präsentationsprogramm wie Microsoft PowerPoint [36] arbeiten, haben Sie es noch leichter. Sie können sich Ihre Folien halbseitig auf Papier ausdrucken und Ihre Stichworte auf der unteren Seitenhälfte notieren (**Bild 3.3**). Sie sehen so gleichzeitig den Folieninhalt und die Stichworte, ohne auf die Projektionsfläche sehen zu müssen. Ein kurzer Blick auf Ihren Papierausdruck genügt, und Sie können wieder Blickkontakt zu den Teilnehmern aufnehmen. Zudem passen die Stichworte immer zur Folie. Sie können in der Präsentation nach vorne oder hinten springen: Immer haben Sie die passenden Stichwörter parat.

Entscheidend ist die richtige Balance zwischen Ausführlichkeit und Knappheit der Ausführungen. Die meisten Vortragenden schreiben zu viel Text auf. Damit wird es schwer, rasch aus der Vielzahl von Informationen die richtigen herauszusuchen. Andererseits sollten Sie so viel Text aufschreiben, damit Sie sich in der Präsentation sicher fühlen, auch bei Nachfragen und Einwänden Rede und Antwort stehen zu können.

Arbeiten Sie möglichst ohne Folienhintergrund. Sie erleichtern damit den Zuhörern, sich auf die Aufnahme wichtiger Inhalte zu konzentrieren. Zuviel Hintergrunddarstellung kann die Informationsaufnahme erschweren.

4 Medieneinsatz

In Präsentationen setzt man ergänzend zur Sprache häufig zusätzliche Medien ein, wie einen Overheadprojektor mit Folien, ein Notebook bzw. Laptop mit Digitalprojektor (sog. Beamer), ein Flipchart, eine Pinnwand, einen Kurzfilm, Schreibtafeln, Teilnehmerunterlagen oder Produktproben. Jedes Hilfsmittel hat Stärken und Schwächen. Zunächst müssen Sie wissen, welche technischen Möglichkeiten Ihnen im Präsentationsraum zur Verfügung stehen. Vorhanden ist meist vieles, funktionieren tut leider oft nur einiges. Testen Sie vor einer Präsentation in Ruhe die Funktionsfähigkeit der technischen Hilfsmittel.

Besonders aufwendig ist das Herstellen von Diaserien oder Filmen. Für Einmalpräsentationen lohnt der Aufwand nur, wenn der Anlass besonders wichtig ist. An die Stelle von Präsentationen mit Kunststofffolien ist zwischenzeitlich die PC-Präsentation mit Digitalprojektoren getreten. Dabei werden in einem Computerprogramm erstellte und gespeicherte Folien per Notebook bzw. Laptop mittels Digitalprojektor auf eine Leinwand projiziert. Mit Flipchart und Pinnwänden können Sie in der Präsentation hingegen richtig handfest arbeiten, Sie werden automatisch langsamer, weil Sie keine Fertigprodukte mitbringen, sondern Zeichnungen und Texte erst selbst produzieren müssen. Die wichtigsten Regeln für den Medieneinsatz, unabhängig davon welches Hilfsmittel Sie im Einzelwahl wählen, lauten:

- Verwenden Sie nur Hilfsmittel, die Sie sicher beherrschen. Die Präsentation ist kein Ort, um zu probieren, ob Sie das neue Grafikprogramm schon fehlerfrei bedienen können oder es sich auf dem Flipchart noch immer so schwer schreibt wie früher.
- Stehen Sie nicht vor dem Hilfsmittel herum. Alle Teilnehmer müssen die Visualisierung sehen.
- Berücksichtigen Sie beim Einsatz der Hilfsmittel die Sehgewohnheiten: von links nach rechts und von oben nach unten.
- Sehen Sie nicht Ihr Hilfsmittel an, sondern die Teilnehmer. Sprechen Sie erst, wenn Sie die Teilnehmer ansehen. Schweigen Sie, solange Sie ein Hilfsmittel bedienen, beispielsweise ein Flipchartblatt beschreiben.
- Bereiten Sie alle Hilfsmittel vor und testen Sie diese vor der Präsentation: Lässt sich der Laptop hochfahren? Sind alle Leitungen eingesteckt? Funktioniert der Ton der Videoanlage? Sind alle Stifte funktionsfähig?
- Kleben Sie nicht an einem einzigen Hilfsmittel fest. Schreiben Sie beispielsweise die Gliederung auf ein Flipchartblatt, das während der gesamten Präsentation im Raum sichtbar ist. Verwenden Sie Folien für den Hauptinhalt und zeichnen Sie Details auf die Schreibtafel oder auf ein Flipchartblatt.

- Verwenden Sie die Hilfsmittel an der richtigen, nicht an der für Sie bequemen Stelle. Viele Referenten spulen alle Folien an einer Stelle ab oder zeigen alle Dias am Stück, nicht weil das Thema es fordert, sondern weil es für sie selbst bequemer ist.

4.1 Overheadprojektor

Der Overheadprojektor besteht aus einer Glasplatte, die von unten durch eine starke Lampe beleuchtet wird. Alles, was auf die Glasplatte geschrieben oder gelegt wird, z. B. vorbereitete Folien, wird auf eine Leinwand oder eine helle Wand projiziert. Der Abstand des Projektors von der Wand bestimmt die Größe des Bilds. Die DIN 1450 „Leserlichkeit" [38, 39] trifft Aussagen zur Leseentfernung: Schriftgröße in mm = Leseabstand in m/Sehweitenfaktor 0,3. Das bedeutet, Zuhörer, die 6 m entfernt sitzen, sind unter guten Lesebedingungen auf eine Schriftgröße von mindestens 20 mm an der Projektionsfläche angewiesen. Bedenken Sie bitte auch, dass es Menschen gibt, die eine leichte Kurzsichtigkeit aufweisen und trotzdem keine Brille tragen.

Sie können beschriftete Durchsichtfolien auf die lichtbestrahlte Glasplatte legen und vergrößert auf die Leinwand projizieren. Seltener sind Rollfolien, die beschrieben werden können. Tabelle 4.1 stellt die wichtigsten Stärken und Schwächen des Einsatzes von Overheadprojektoren in Präsentationen dar.

Stärken	Schwächen
Overheadprojektoren sind für Präsentationen bis 200 Teilnehmern einsetzbar, wenn das Gerät lichtstark, die Projektionsfläche groß und die Folienqualität gut ist.	Der Glühfaden der Overheadprojektorlampe kann durchbrennen. Das passiert relativ häufig.
schnell und flexibel einsetzbar	Farben können durch den Projektor verändert werden
fast in jedem Seminarraum vorhanden	Folien sind leicht und schnell produziert; daher geht oft Quantität vor Qualität
Folien kann man in Ruhe vorbereiten und wieder verwenden. Notfalls können Sie eine Folie auch von Hand skizzieren.	Zu viele Folien ermüden die Teilnehmer. Da eine Folie schnell aufgelegt ist, neigt man unter Zeitdruck dazu, den Inhalt durch schnellen Folienwechsel zu sehr zusammenzudrängen.
Die Folien können Sie als Stichwortmanuskript verwenden und als Teilnehmerunterlage verteilen.	dargestellte Inhalte sind nur kurz präsent
man kann Blickkontakt zu den Teilnehmern halten	man neigt dazu, zu viel Text auf der Folie unterzubringen

Tabelle 4.1 Stärken und Schwächen von Overheadprojektoren

4.1 Overheadprojektor

Hinweise zum praktischen Einsatz von Overheadprojektoren:

- Lassen Sie sich das Lampensystem des Overheadprojektors erklären. Prüfen Sie, ob dieser eine Leuchtmittelumschaltung bietet, bringen Sie in Erfahrung, wer eine Ersatzlampe beschaffen kann und wie diese Person erreichbar ist.
- Legen Sie Leerfolien und Folienstifte in unmittelbarer Nähe bereit. Testen Sie vor der Präsentation, ob die Folienstifte funktionieren.
- Stellen Sie den Overheadprojektor vor der Präsentation scharf. Rumfummeln am Rädchen zu Beginn der Präsentation wirkt nervös und unsouverän.
- Halten Sie auch Blickkontakt zu den Teilnehmern, wenn Sie eine Folie auflegen. Sprechen Sie mit den Menschen, nicht mit der Folie.
- Schalten Sie den Overheadprojektor ab, wenn Sie ihn einige Minuten lang nicht benötigen, ein anderes Medium nutzen oder wenn Sie eine Pause einlegen. Ein unnötig eingeschalteter Projektor bindet Aufmerksamkeit. Besser ist es, die Folie durch ein Blatt Papier abzudecken, um die Lampe zu schonen.
- Führen Sie die Teilnehmer durch die Folie, mit einem Stift auf der Folie oder einem Laserpointer an der Wand. Verwenden Sie keinen Zeigestock, das wirkt antiquiert und belehrend. Wenn Sie einen Laserpointer benutzen, bleiben Sie mit Ihrem Oberkörper weiter den Teilnehmern zugewandt. Spielen Sie nicht mit dem Laserpointer herum, wenn Sie ihn nicht benötigen. Es wirkt oft souveräner, wenn Sie relevante Dinge auf der Folie zeigen, statt mit dem Laserpointer auf dem projizierten Bild herumzudeuten. Bei fast jedem Präsentierenden wackelt die Hand etwas. Über die Entfernung des Laserpointers zur Projektionsfläche wirkt das zittrig.
- Verwenden Sie typografische Elemente wie Spiegelstriche, Punkte oder Pfeile. Auch hier gilt: sinnvoll und sparsam einsetzen.
- Sortieren Sie die Folien nach und nicht während der Präsentation. Sie wirken wie ein Buchhalter, wenn Sie jede Folie, gleich nachdem Sie sie aufgelegt haben, wieder pedantisch in Ihrem Ordner abheften.
- Entscheiden Sie sich für das Querformat. Viele Räume sind auf Querformatpräsentationen eingerichtet. Eine Hochformatfolie lässt sich dort nur teilweise darstellen, ein Teil der Darstellung wird an die Decke oder den Boden projiziert
- Jede Folie besteht aus einer Kernaussage. Unwichtige Informationen weglassen.

Folien werden oft verwendet, sind aber nicht immer gut lesbar, prägnant und zum Thema passend. Oft sind es Kleinigkeiten, die aus einer gut gemeinten eine schlechte Folie machen. Meiden Sie folgende Standardfehler [40]:

- Die Folie ist nicht lesbar
  - zu kleine Schrifttype: Die Vergrößerungswirkung ist gering. Hilfreich ist der Fußbodentest. Wenn Sie eine Folie ausdrucken und auf den Fußboden legen, müssen Sie die Schrift stehend lesen können;

- Handschriften sind selten lesbar, daher gilt: Finger weg von handschriftlichen Folien, es sei denn, sie werden mit den Teilnehmern während der Präsentation erarbeitet;
- mangelhafter Kontrast: Kopieren Sie Folien nicht von Folien, sondern von der Originalvorlage. Die Unsitte, Folien in normalen Klarsichthüllen aufzulegen, führt zu großen Kontrastverlusten. Eine Ausnahme bilden spezielle Folienhüllen (Flipframes). Die meisten anderen Schutzfolien verschlechtern die Lesbarkeit erheblich.

- Die Folie enthält zu viele Informationen
  - zu kompakte Darstellung: Wegen des verständlichen Wunsches, möglichst viel auf der Folie unterzubringen, werden Diagramme und Tabellen häufig mit Informationen vollgestopft. Dadurch wird der Blick fürs Wesentliche verstellt. Wenn Detailübersichten nötig sind, sollten sie nicht auf einer Folie dargestellt, sondern besser als schriftliches Begleitmaterial verteilt werden. Verwenden Sie auf keinen Fall mehr als 50 Wörter pro Folie;
  - überflüssige Informationen: Auf manchen Folien wird all das gesammelt und dargestellt, was nicht mehr in die mündliche Präsentation passt. Das überfrachtet eine Präsentation. Falls Sie über die Präsentation hinausgehende Informationen für unverzichtbar halten, bieten Sie schriftliches Begleitmaterial an.

- Grafische Mittel werden nicht genutzt
  - fehlende Visualisierung: Oft fehlen Visualisierungen, und es wird stattdessen auf Zahlen und Texte zurückgegriffen. Die verbale Aufnahmefähigkeit wird schon durch den mündlichen Teil der Präsentation ausgelastet. Einen Zusatzgewinn haben Folien nur, wenn sie einen weiteren Informationskanal nutzen. Das ist in der Regel der optische, der durch Bilder, Schaubilder, Karikaturen oder Landkarten angesprochen wird. Gut ist auch die Einbeziehung des haptischen Informationskanals durch Gegenstände, Selbermachen usw.;
  - Eine gute Folie spricht für sich selbst. Folien sollen schwierige Inhalte veranschaulichen, nicht selbst zum Rätsel werden.

- Die Zahl der Folien ist nicht angemessen
  - zu wenige oder gar keine Folien: Bei mangelnder Visualisierung leidet die Verständlichkeit, da die Aufmerksamkeit nur verbal bedient wird;
  - zu viele Folien: Zu viele Folien verwirren und beeinträchtigen die Gedächtnisleistung. Der Inhalt bestimmt die optimale Folienzahl. Als Faustregel gilt: Vortragszeit in Minuten geteilt durch drei ergibt die optimale Folienzahl. Für eine 20-minütige Präsentation heißt das sechs bis sieben Folien.

- Der Inhalt der Folien wird unzureichend erläutert
  - fehlende Koordinierung zwischen Folie und Sprache: Die Folien werden zum falschen Zeitpunkt aufgelegt. Häufig bleiben Folien liegen, obwohl der Präsentierende längst beim nächsten Punkt ist;
  - zu kurze Darbietung: Die Informationsmenge auf der Folie und die Darbietungszeit müssen sich entsprechen. Die reine Lesezeit ist zum Verstehen zu kurz;
  - fehlende Erklärung: Der Folieninhalt bleibt der Interpretation der Teilnehmer überlassen, z. B. bei Fachbegriffen und internen Abkürzungen. Im Zweifelsfall sollten Sie lieber eine Erklärung zu viel anbringen;
  - der nervöse Finger: Mitunter huschen Präsentierende mit dem Finger kreuz und quer über die Folie oder umkreisen die ganze Folie. Das macht die Teilnehmer nervös, und die Inhalte, über die man spricht, werden nicht markiert. Hilfreich sind beispielsweise Papierpfeile oder notfalls ein Kugelschreiber.

4.2 Notebook/Laptop/Digitalprojektor

Standardtechnik ist derzeit die Projektion eines PC-Bildschirms über einen Digitalprojektor auf eine Leinwand oder eine weiße Wand. Digitalprojektoren ermöglichen es, die Darstellungen auf dem Laptop direkt für alle Teilnehmer sichtbar auf eine Leinwand oder eine weiße Wand zu projizieren. In den meisten Tagungshotels und Bildungseinrichtungen sind solche Projektoren vorhanden. Die Folien werden mittels spezieller Präsentationssoftware hergestellt. Besonders verbreitet ist Microsoft PowerPoint [36], eine unter dem Betriebssystem Windows [41] laufende Präsentationssoftware. Es sind jedoch auch ähnliche, teilweise kostenlose Alternativen verfügbar:

- Ashampoo Office 2008 [42],
- IBM Lotus Symphony [43],
- OpenOffice.org [44],
- OxygenOffice Professional [45],
- SoftMaker Office 2008 [46],
- Sun StarOffice [47].

Wie bei der leistungsfähigen Software-Suite Microsoft Office [48], zu deren Bestandteilen u. a. Microsoft PowerPoint [36] gehört, handelt es sich bei den genannten Wettbewerbsprodukten um komplette Softwarepakete, die ebenfalls – neben dem Präsentationsprogramm – Bausteine für die Textverarbeitung und die Tabellenkalkulation oder auch ein Zeichen- sowie ein Datenbankmodul enthalten.

Entscheidend für die Präsentationswirkung ist der Digitalprojektor, es sind nicht die jeweiligen Notebooks bzw. Laptops. Im Folgenden wird daher speziell auf Digitalprojektoren eingegangen. Je größer der Raum, desto größer müssen Leinwand, Lichtstrom und Auflösung des Digitalprojektors sein. Bei leicht verdunkeltem Raum ist die Qualität am besten. Allerdings führt ein verdunkelter Raum leicht zum Abtauchen der Teilnehmer. Hier gilt es, den richtigen Mittelweg zu finden. Eine gute Leinwand ermöglicht auch in einem lichthellen Raum eine bessere Auflösung als eine schlichte weiße Wand. Genauso wie bei Overheadprojektoren ist die Lampenlebensdauer in Digitalprojektoren ebenfalls begrenzt (z. B. 2000 h). Zum Lampentausch muss das Gerät zerlegt werden. Es kann daher kein Lampentausch vor Ort erwartet werden, weswegen das Bereithalten eines kompakten Ersatz-Projektors sinnvoll ist. Tabelle 4.2 stellt die wichtigsten Stärken und Schwächen des Digitalprojektoreinsatzes in Präsentationen dar.

Stärken	Schwächen
Folien können zu jeder Zeit ergänzt werden	teuer; allerdings sind die Geräte einem starken Preisverfall ausgesetzt
Eine technisch gelungene Präsentation wirkt sehr professionell.	fehleranfällig: Laptop und Projektor müssen abgestimmt sein, Geräte können ausfallen
Die Bildqualität bei neuen Projektoren ist hervorragend.	die hübsche Verpackung kann den Inhalt überstrahlen
Multimediapräsentationen sind möglich: Bild, Ton, Filme	Bei Pannen ist die Schadenfreude der Teilnehmer besonders hoch, nach dem Motto: „All die tollen Geräte, aber bedienen kann er sie nicht."
	Lampe im Digitalprojektor kann ausfallen

Tabelle 4.2 Stärken und Schwächen von Digitalprojektoren

Die Freude über ein neues Spielzeug lässt auch Erwachsenenaugen leuchten. Eine Laptop-Projektor-Kombination ist ein besonders hübsches Spielzeug. Ihre Spielfreude sollte nicht die Oberhand über den Präsentationszweck gewinnen. Die Vielzahl der Möglichkeiten, wie farbiger Hintergrund, Einblenden von oben, von unten, von rechts oder diagonal usw., verleitet zur Übervariation. Bleiben Sie bei einem Grunddesign, das Äußerste des technisch Machbaren ist nicht immer sinnvoll. Beim praktischen Einsatz ist zu beachten:

- Reden Sie nicht zur Leinwand, wenn das Bild auch noch so schön ist. Sprechen Sie zu den Teilnehmern.
- Üben Sie die Bedienung ausgiebig. Sie müssen auch einen Rechnerabsturz oder eine Programmfehlfunktion rasch in den Griff kriegen. Die professionelle Wirkung kippt schlagartig, wenn Sie ratlos vor Ihrem Laptop oder

Projektor stehen und nichts mehr geht. Im besten Fall haben Sie noch einen klassischen Foliensatz dabei – trotzdem haben Sie diese Schlacht verloren.

- Verwenden Sie eine schnurlose Maus zum Weiterklicken in der Präsentation. So können Sie sich frei im Raum bewegen und sind nicht an die Tastatur gekettet.
- Kündigen Sie einen Folienwechsel an. Bei den klassischen Folien sehen alle, wie Sie die alte Folie abnehmen und die neue Folie auflegen. Bei einer Computerpräsentation geschieht das geräuschlos. Sagen Sie daher: „Auf der nächsten Folie sehen Sie ..." oder: „Damit komme ich zu einem neuen Aspekt ...".
- Sprechen Sie langsam! Sie können die Folien über eine Fernbedienung viel schneller abrufen als von Hand. In einer klassischen Folienpräsentation werden Sie in Ihrem Redefluss durch das mechanische Auf- und Ablegen gebremst. Diese sinnvolle Bremse fehlt bei Computerpräsentationen.
- Nutzen Sie das Zeigegerät (Maus), um Ihre Zuhörer durch die Folie zu führen. Die Maus ist dazu besser geeignet als beispielsweise ein Laserpointer.
- Wenn die Folie Textpassagen enthält, lesen Sie diese nicht vor! Die Teilnehmer können selbst lesen. Lassen Sie ihnen die Zeit dazu. Wenn Sie das Bedürfnis haben, etwas zu sagen, erläutern Sie den Text mit anderen Worten. Damit stellen Sie gezielt Redundanz her.
- Schalten Sie den Digitalprojektor nie aus während einer Präsentation. Auch nicht, wenn Sie einen Medienwechsel vornehmen. Wenn Sie beispielsweise Microsoft PowerPoint [36] einsetzen und im „Präsentationsmodus" arbeiten, benutzen Sie die Tasten „W" oder „B", um einen weißen oder einen schwarzen Bildschirm zu erhalten. Ein erneuter Druck auf die jeweilige Taste bringt Sie zurück zur Präsentation.
- Präsentationssoftware wie Microsoft PowerPoint [36] erlaubt das Einbetten von Videosequenzen und Animationen (z. B. Adobe Flash [49]). Das Abspielen solcher Sequenzen macht die Installation von Plug-ins erforderlich, die erfahrungsgemäß auf dem Präsentationslaptop nicht oder in der falschen Version zur Verfügung stehen. Verzichten Sie daher nach Möglichkeit auf das Einbetten solcher Sequenzen bzw. machen Sie sich vorher mit den installierten Plug-ins vertraut.

4.3 Flipchart

Ein Flipchart ist eine Tafel, an der mit einer Klemmleiste großformatige Papierblöcke oder Einzelblätter, in der Regel im Format DIN A1 [34, 35], befestigt werden. Die Tafel, meist in der Größe von 100 cm × 70 cm, steht auf einem Metallständer. Das Papier beschreibt man mit dicken Filzstiften. Flipchartblätter lassen sich gut abreißen, an die Wand hängen oder nach hinten umschlagen. Für weitere Details und mit vielen Beispielen unterlegt siehe [13]. **Tabelle 4.3** stellt die wichtigsten Stärken und Schwächen des Flipcharteinsatzes in Präsentationen vor.

Stärken	Schwächen
gut geeignet für Präsentationen in kleinen Gruppen	Jeder Teilnehmer muss das Flipchart sehen können. Auch bei geschickter Raumnutzung liegt die Obergrenze bei 25 Teilnehmern. Bei mehr Teilnehmern wird die kleine Schreibfläche zum Problem.
Sie können Flipchartblätter im Raum aufhängen. Die Inhalte bleiben während der gesamten Präsentation verfügbar, eine Folie hingegen ist verschwunden.	Sie haben beim Schreiben keinen Blickkontakt zu den Teilnehmern. Während Sie schreiben, verstricken sich die Teilnehmer leicht in Diskussionen, und Sie riskieren den roten Faden zu verlieren.
Sie können Inhalte mit den Teilnehmern entwickeln. In diesem Fall bereiten Sie die Flipchartblätter nicht vor, sondern fertigen sie während der Präsentation an.	Korrekturen sind nicht möglich
Flipcharts sind gut geeignet für Inhaltsübersichten und Kernaussagen	wirkt nur bei geübter Schrift professionell
einfach zu handhaben	Die Archivierung der Flipchartblätter ist platzraubend.
Krisensicher: Ein Flipchart kann nicht abstürzen, nicht ausfallen, braucht keine Lampe	

Tabelle 4.3 Stärken und Schwächen von Flipcharts

Hinweise zum praktischen Einsatz von Flipcharts:

- Sorgen Sie für ausreichend Papier. Prüfen Sie vor der Präsentation, ob alle Stifte schreiben. Ersetzen Sie ausgetrocknete Stifte.
- Machen Sie sich rechtzeitig mit dem System für Aufbau und Papierwechsel vertraut.
- Verwenden Sie Farbstifte, maximal vier Farben.
- Verwenden Sie nur dicke Filzschreiber mit abgeflachten Schreibflächen, damit die Schrift dick und lesbar wird. Verwenden Sie auf keinen Fall die dünnen Tafelstifte mit abgerundeten Schreibflächen.
- Setzen Sie den Stift waagerecht auf. Halten Sie das Handgelenk beim Schreiben starr, drehen Sie den Stift nicht. So wird Ihre Schrift schön und lesbar.
- Sprechen Sie beim Schreiben nicht auf das Flipchart ein.
- Schreiben Sie groß und leserlich und üben Sie die Flipchartschrift. Schreiben Sie in Druckbuchstaben, verwenden Sie Groß- und Kleinbuchstaben.

- Schreiben Sie die Buchstaben eng aneinander, weil zu viel Platz zwischen den Buchstaben der Lesbarkeit schadet. Verwenden Sie kurze Ober- und Unterlängen. Es gibt Buchstaben mit Mittellänge, das sind beispielsweise „u", „a" oder „o". Buchstaben, die nach oben herausragen, wie „t" oder „f", haben eine Oberlänge. Buchstaben, die nach unten rausragen, wie das „g", haben eine Unterlänge. Kurze Ober- und Unterlängen sind lesbarer.
- Verwenden Sie für jedes Blatt einer Überschrift.
- Verwenden Sie nur Stichwörter. Für Sätze ist der Platz zu knapp.
- Zeichnen Sie einfach und verwenden Sie Symbole. Details sind schlecht erkennbar.
- Drehen Sie den Flipchartbogen um, wenn das Thema abgehandelt ist. Wenn Sie Flipcharts vorbereitet haben, lassen Sie zwischen jedem vorbereiteten Flipchartblatt ein leeres Blatt, sodass die Teilnehmer die neue Information erst sehen, wenn Sie diese in der Präsentation brauchen.
- Blättern Sie bei Wiederholungen zurück.

4.4 Pinnwand

Eine Pinnwand ist eine Stellwand, an der mit Nadeln Zettel befestigt werden. Pinnwände gibt es in verschiedenen Formaten, gängig ist die Größe 120 cm × 150 cm. Tabelle 4.4 stellt die wichtigsten Stärken und Schwächen des Einsatzes von Pinnwänden in Präsentationen dar.

Stärken	Schwächen
Gut geeignet für Präsentationen in kleinen Gruppen bis maximal 25 Teilnehmern.	Die Lesbarkeit endet bei 5 m Entfernung. Pinnwände sind für kleine Gruppen gedacht. Bei größeren Teilnehmerzahlen können die weiter hinten sitzenden Personen die Schrift nicht mehr erkennen.
Mit der Pinnwand können Sie die Teilnehmer einbeziehen. Von den Teilnehmern beschriftete Karten werden angesteckt, sortiert, gewichtet usw. Das Gesamtbild wird mit den Teilnehmern gestaltet. Die Teilnehmer bekommen kein fertiges Produkt vorgesetzt, sondern arbeiten selbst daran mit.	Man muss den Einsatz üben. Der professionelle Einsatz wirkt leichter, als er ist. Ohne ein Moderationsseminar geht es meist nicht.

Tabelle 4.4 Stärken und Schwächen von Pinnwänden

Stärken	Schwächen
Die Darstellung an der Pinnwand kann jederzeit durch neue Karten ergänzt werden.	Modetechnik: Manche Teilnehmer sind der Pinnwände überdrüssig, weil sie inzwischen auch bei unpassenden Themen eingesetzt werden und viele Präsentierende die Moderationstechnik nur stümperhaft beherrschen.
große und damit übersichtliche Arbeitsfläche	
Man sieht nicht nur das fertige Ergebnis, die verschiedenen Arbeitsschritte der Gruppe sind gut nachvollziehbar.	
Krisensicher: kann nicht abstürzen, nicht ausfallen, braucht keine Lampe	

Tabelle 4.4 Stärken und Schwächen von Pinnwänden (Fortsetzung)

Hinweise zum praktischen Einsatz von Pinnwänden:

- Karten in derselben Farbe und demselben Format sollen denselben Sinn ausdrücken. *Joachim Klein* [14] empfiehlt deshalb folgende Farbzuordnung:
  - Gelb setzt man ein bei Ideenfindung, bei Kreativitätstechniken, um vorhandenes Wissen auszutauschen oder beim Erfahrungsaustausch;
  - Orange setzt man ein, um eine Struktur zu geben, bei der Lösungssuche, in der Gruppenarbeit oder bei der Arbeit auf der Beziehungsebene;
  - Rot setzt man ein, um Konflikte zu erzeugen, um Widerspruch einzulegen, um Regeln aufzustellen oder um Themen zu emotionalisieren;
  - Blau setzt man ein, um Fakten zu präsentieren, Tatsachen zu erläutern, Informationen zu geben, bei Sachthemen oder in der Einzelarbeit;
  - Grün setzt man ein, um Feedback zu geben, Konsens festzuhalten, um Erkenntnisse aus Konflikten zu visualisieren, oder bei Zusammenfassungen;
  - Weiß setzt man ein, um den Rahmen zu beschreiben, um die Organisation festzulegen, oder für die Offene-Punkte-Liste.
- Schreiben Sie nicht mehr als drei Zeilen und nicht mehr als sieben Worte auf eine Karte.
- Üben Sie den sicheren Umgang mit Stecknadeln und Karten. Folgenden Trick können Sie dabei anwenden: Stellen Sie sich auf einen Pinnwandfuß, und stecken Sie die Nadel mit Wucht in die Pinnwand. Bei zögerlichem Stecken piekt man sich leicht in den Finger.
- Stehen Sie nicht vor der Pinnwand herum. Die Teilnehmer müssen die Pinnwand sehen.

- Sprechen Sie nicht, wenn Sie an der Pinnwand arbeiten, sondern nur, wenn Sie sich wieder den Teilnehmern zuwenden.
- Verwenden Sie die leichteren, klappbaren Pinnwände. Die sind einfach zu transportieren und im Raum bewegbar.

Sinnvoll ist der Einsatz von Pinnwänden, wenn Sie mit der Moderationsmethode arbeiten. Zur Moderationsmethode gibt es umfangreiche Literatur, beispielsweise das Standardlehrbuch [50].

4.5 Diaprojektor

Bei einer Präsentation mit Dias ist es ideal, diese auf eine Leinwand zu projizieren, eine helle Wand reicht auch. Bei lichtstromstarken Geräten muss der Raum nicht mehr abgedunkelt werden. **Tabelle 4.5** stellt die wichtigsten Stärken und Schwächen des Einsatzes von Diaprojektoren in Präsentationen dar.

Stärken	Schwächen
Eine Präsentation vor bis zu 100 Teilnehmern ist möglich, beispielsweise bei Kongressen.	Die Vorbereitung ist aufwendig.
Bilder können kontraststark dargestellt werden und erhalten so eine gute Qualität.	Bei Sonnenlicht oder weniger lichtstromstarken Diaprojektoren ist ein Abdunkeln des Raums erforderlich.
Eine großflächige Präsentation ist möglich.	Während der Diavorführung ist kein Blickkontakt zum Publikum möglich.
Realistische Bilder oder Fotografien von Objekten sind möglich.	Die Reihenfolge der Dias ist festgelegt, eine Korrektur oder ein Zurückspringen ist mühsam.
Die Projektion kann man gut mit Tonmedien koppeln.	Lampe kann ausfallen

Tabelle 4.5 Stärken und Schwächen von Diaprojektoren

Hinweise zum praktischen Einsatz von Diaprojektoren:

- Ein verdunkelter Raum verführt die Teilnehmer zum Abschalten. Wählen Sie nur optisch erstklassige, genau zum Thema passende Dias aus.
- Eine Diapräsentation muss vollständig in sich verständlich sein. Sie können während der Präsentation nicht eben mal das Licht anmachen und etwas an die Tafel schreiben.
- Ein häufiger Wechsel des Formats, Querformat und Hochformat, stört. Entscheiden Sie sich für ein Grundformat, im Zweifel eher für das Querformat.

- Machen Sie spätestens nach 30 min eine Pause. Schalten Sie das Licht an, öffnen Sie die Fenster zum Lüften. Verwenden Sie keinesfalls mehr als 50 Dias während einer 30-min-Serie.
- Wenn Sie zwischen zwei Dias etwas erklären möchten, schieben Sie ein schwarzes Dia dazwischen. Das erhöht die Aufmerksamkeit der Teilnehmer. Wenn in Ihrer Nähe ein schwaches Licht brennt, sodass die Teilnehmer Sie sehen können, sobald ein Schwarzdia eingeschoben wird, können Sie auch in einem Diavortrag mündliche Ergänzungen einschieben.
- Benutzen Sie eine Fernbedienung. So können Sie „Blickkontakt" zu den Teilnehmern halten. Auch wenn es dunkel ist, bemerken die Teilnehmer, ob Sie sich ihnen zuwenden oder nicht.

4.6 Videofilm

Der Siegeszug des Fernsehens hat den Anspruch an Filme wachsen lassen. Die Qualitätsanforderungen an Videofilme sind hoch, weil sie an den täglichen Fernsehbildern gemessen werden. Hinweise zum praktischen Einsatz von Videofilmen:

- Ein Film ist ein geschlossener Block und verdammt die Teilnehmer zum passiven Zuhören und Zusehen. Nach einem Videobeitrag müssen Sie die Teilnehmer wieder motivieren und aktivieren und in die Präsentation zurückholen.
- Ein Videofilm erhöht die Erwartungen an das, was Sie noch bieten werden. Setzen Sie daher Videofilme nicht zu früh in einer Präsentation ein.

4.7 Schreibtafel

Gängig ist das sog. Whiteboard, eine weiße Kunststofftafel, die mit abwaschbaren Filzstiften beschrieben wird. Tabelle 4.6 stellt die wichtigsten Stärken und Schwächen des Einsatzes von Schreibtafeln in Präsentationen dar.

Stärken	Schwächen
Leichte Handhabung und gute Verfügbarkeit. Außer Stiften benötigt man keine Hilfsmittel.	Für eine Gruppengröße bis zu maximal 50 Teilnehmern einsetzbar.
Gut für begleitende und ergänzende Hinweise, wie die Definition von Fremdwörtern, die Skizzierung eines Details oder die Beantwortung von Verständnisfragen.	zeitaufwendige Schreib- und Zeichenarbeit
Man kann Sachverhalte entwickeln und damit für die Teilnehmer in angemessener Geschwindigkeit nachvollziehbar gestalten. Eine Folie ist sehr schnell aufgelegt. Um ein- und denselben Inhalt an einer Schreibtafel zu entwickeln, benötigt man mehr Zeit.	bleibt nicht erhalten, muss neuen Inhalten Platz machen
spontan einsetzbar, leicht korrigierbar	Viele Handschriften sind schlecht lesbar.
Krisensicher: kann nicht abstürzen, nicht ausfallen, braucht keine Lampe.	Viele Vortragenden sind unsicher, wenn sie an einer Schreibtafel zeichnen sollen.
	Wirkt bei ausschließlichem Einsatz altbacken und erinnert an die Schulzeit.

Tabelle 4.6 Stärken und Schwächen von Schreibtafeln

Hinweise zum praktischen Einsatz von Schreibtafeln:

- Verwenden Sie nur dunkle Farben; bei hellen Farben ist der Kontrast schlecht. Sondern Sie gelbe Tafelstifte von vornherein aus.
- Trennen Sie abwaschbare (Boardmarker) und nicht abwaschbare Stifte (Permanent Marker) voneinander. Wenn Sie im Raum viele verschiedene Stifte haben, erwischen Sie im Eifer des Gefechts schnell einen falschen Stift. Das wirkt unprofessionell. In Tafelnähe liegen die abwaschbaren Stifte, in Flipchartnähe die nicht abwaschbaren.
- Schreiben Sie groß und plakativ.
- Jede Information, die die Teilnehmer zur Kenntnis genommen haben und die man später nicht mehr braucht, wird weggewischt.

Achten Sie auch bei der Schreibtafel auf die natürliche Leserichtung von links nach rechts und von oben nach unten. Für die Aufteilung der Schreibfläche empfiehlt *Werner Jäckering* daher [51]: Schreiben Sie auf die linke Seite wichtige Begriffe, Definitionen, Abkürzungen. Die Tafelmitte ist Ihr Operationsfeld. Ganz rechts schreiben Sie Ergebnisse auf. Die Begriffe ganz links und die Ergebnisse ganz rechts können stehen bleiben, auch wenn Sie im Operationsfeld in der Mitte immer wieder neue Notizen machen.

4.8 Produktproben

Wann immer es das Thema Ihrer Präsentation erlaubt, bieten Sie den Teilnehmern etwas für die Hände, etwas zum Anfassen. Nehmen Sie bei Produktpräsentationen Proben mit, nicht nur zum Ansehen, sondern zum Rumreichen und ggf. zum anschließenden Mitnehmen.

Produktproben kann man besonders gut bei billigen Massenprodukten einsetzen. Bei der Vorstellung eines neuen Porschemodells kann man den Teilnehmern zwar keinen neuen Porsche mitgeben, aber man kann beispielsweise Materialproben der Ledersitze oder Blechmuster mit den neuen Farben zum Anfassen und Darüberstreichen bereitstellen.

4.9 Begleitmaterial

Es ist üblich, den Teilnehmern die Kernfolien als Kopie auszuteilen. Wenn Sie das Schriftmaterial vor der Präsentation austeilen, können alle Teilnehmer den Gang der Präsentation mitverfolgen und eigene Notizen einfügen. Sie müssen aber damit rechnen, dass die Teilnehmer vorblättern. Folglich sind sie abgelenkt und Überraschungseffekte nicht möglich. Wenn Sie das Schriftmaterial nach der Präsentation austeilen, vermeiden Sie zwar das Aufmerksamkeitsproblem, werden aber einige Teilnehmer verärgern, weil Sie dann Dinge mitgeschrieben haben, die auf dem ausgeteilten Begleitmaterial stehen. Entweder Sie kündigen nicht an, dass Sie nach der Präsentation Material verteilen, dann sind diejenigen verärgert, die eifrig mitnotiert haben. Diese Teilnehmer werden sich denken oder es sogar laut sagen, dass Sie vorher gerne gewusst hätten, welches Material sie bekommen. Oder Sie kündigen zu Beginn der Präsentation an, dass Sie am Ende Material verteilen, dann werden Sie sich die Frage gefallen lassen müssen, ob Sie die Teilnehmer für unmündig halten und vermuten, dass sie weniger zuhören würden, wenn sie das Material vorher hätten. Unser Vorschlag lautet: Teilen Sie unmittelbar zur Präsentation gehörendes Schriftmaterial vor der Präsentation aus. Diese Tischvorlagen sind nicht länger als zwei Seiten, grenzen das Thema präzise ein und geben die wesentlichen Argumente der Präsentation in knapper Form wieder. Teilen Sie umfangreicheres Material und über die Präsentation hinausgehende weiterführende Literatur hingegen am Ende aus. Ein solches Abschiedsgeschenk ist ein freundlicher Abschluss.

Gehen Sie sparsam mit Schriftmaterial um. Die Präsentation muss für sich sprechen. Wenn Sie zentrale Folien und Grafiken austeilen, dann genügt dies in der Regel. Zur Ausgabe geeignet sind auch Checklisten, Literaturhinweise, Internetadressen zu weiterführenden Portalen. Die wenigsten Teilnehmer lesen das Schriftmaterial wirklich gründlich. Der Effekt ist daher gering. Verwenden Sie immer ein Deckblatt, welches das Thema, Ihren Namen, Ort und Datum enthält. So werben Sie für Ihre Person und die Teilnehmer wissen, wem sie die Präsentation zuzuordnen haben. Das Schriftmaterial muss ansprechend gestaltet sein. Schlampige Unterlagen wirken wie eine fettige Visitenkarte. Sie sprechen gegen die Person, die sie verteilt.

Wenn Sie Material ausgeben, lassen Sie den Teilnehmern etwas Zeit, um in den Unterlagen zu blättern. Niemand wird Ihnen zuhören, wenn Sie Begleitmaterial herumreichen und gleichzeitig weiter reden. Jeder sieht sich erst einmal an, was er erhalten hat. Wenn alle wieder von den Unterlagen hochsehen, können Sie beginnen.

4.10 Medienkombination

Setzen Sie bei einer Präsentation mehrere Medien ein. Durch einen Medienwechsel erzeugen Sie Interesse, allerdings sollte die Präsentation nicht zu einer bloßen Show verkommen und kein Selbstzweck sein. Setzen Sie die Medien nach Ihren Stärken ein und nicht deswegen, weil Sie den Einsatz eines weiteren Mediums demonstrieren wollen. Als Faustregel gilt [12]:

- Laptop/Digital- oder Overheadprojektor für vorbereitete Diagramme, Tabellen und Textfolien,
- Flipchart für Gliederungen, Skizzen und Notizen. Beiträge von Teilnehmern kann man hier gut festhalten,
- Pinnwand für Gruppenarbeiten und Problemlösungen,
- Dias und Videos für komplizierte Sachverhalte,
- schriftliches Begleitmaterial als Nachbereitungshilfe.

Die zeitliche Aufteilung auf verschiedene Medien variiert in Abhängigkeit vom Thema. Eine allgemein gültige Regel gibt es nicht. Als grobe Orientierung kann die auf *Werner Jäckering* zurückgehende Empfehlung dienen, welchen Anteil verschiedene Medien in der Erwachsenenbildung haben sollten (**Bild 4.1**):

- 50 % Folien (Overhead- oder Digitalprojektor),
- 30 % Flipchart,
- 10 % Schreibtafel,
- 10 % Sonstige.

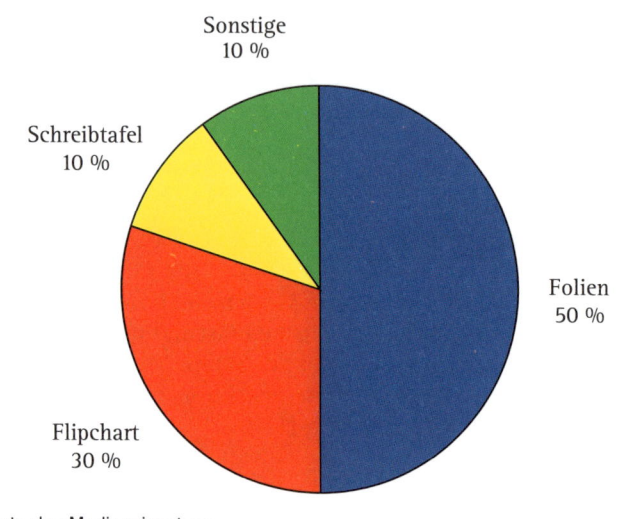

Bild 4.1 Quote des Medieneinsatzes

Mit Folien kann man eine Präsentation bis zur Hälfte der Zeit bestreiten. Das zweitwichtigste Medium ist das Flipchart, dann folgen die Schreibtafel sowie sonstige Medien. Dias und Videos sind hier nicht berücksichtigt. Jedenfalls ist die Empfehlung ableitbar, dass kein Medium mehr als die Hälfte der Präsentationszeit füllen sollte. Auf diese Weise bleibt die Aufmerksamkeit der Teilnehmer erhalten.

4.11 Checkliste

Für alle, die es eilig haben, haben wir eine Checkliste (**Tabelle 4.7**) zur Präsentationsvorbereitung erstellt. Gerade, wenn es mal hektisch zugeht, ist sie besonders hilfreich. Sie vergessen nichts und wissen, dass Sie optimal vorbereitet sind, wenn Sie alle Punkte abgearbeitet haben.

Termin:	Ort und Raum:
Thema:	
Anlass:	
Ziele:	

Gesamtdauer der Präsentation:
Dauer meines Beitrags:
Nutzen für die Teilnehmer:

Wer präsentiert vor und nach mir und zu welchen Themen?
vor:
nach:

Wer aus meinem Bereich begleitet mich?
Teilnehmer mit Namen, Organisation:

Entscheider mit Namen, Organisation:
Tabuthemen:

Welche Kleidung ist angemessen?
Ansprechpartner/Organisation mit Telefon, Fax und E-Mail:

Medieneinsatz:
Bei Präsentationen mit einem Digitalprojektor muss der Raum verdunkelbar sein.
Aufbau? Wer macht was?
Meine Kernargumente:

Tabelle 4.7 Checkliste zur Präsentationsvorbereitung

5 Durchführung

Für den ersten Eindruck gibt es keine zweite Chance. Faktoren mit Positivwirkung sind: Pünktlichkeit, Lächeln, aufrechte Haltung, Freundlichkeit, Höflichkeit, äußere Erscheinung, Blickkontakt. Negative Wirkung erzielen hingegen arrogantes Auftreten, ein ungepflegtes Äußeres, schlechtes Benehmen oder der Beginn mit einer Entschuldigung [52].

Starten Sie Ihre Präsentation beispielsweise so: Bereiten Sie ein „Herzlichwillkommen"-Flipchart vor und hängen Sie das Flipchart gut sichtbar in den Eingangsbereich des Präsentationsraums. Ihr persönlicher Startpunkt liegt 30 min vor dem offiziellen Beginn. Sie können sich selbst einstimmen, wenn Sie alles in Ruhe vorbereiten und Kaffee und Gebäck bereitstellen. Auf diese Weise ermöglichen Sie es den Teilnehmern, auch innerlich anzukommen. Sind alle eingetroffen, gehen Sie bewusst und konzentriert zu Ihrem Startplatz. Stellen Sie sich aufrecht hin, schauen Sie in die Runde, stellen Sie Blickkontakt mit den Teilnehmern her: linker Flügel – Mitte – rechter Flügel. Binden Sie Teilnehmer mit Blicken an sich. Sprechen Sie erst, wenn alle Teilnehmer verstummen, auch wenn Sie etwas länger warten müssen.

5.1 Begrüßung

Bereiten Sie die Teilnehmer darauf vor, dass Sie sprechen werden. Auf diese Weise sichern Sie sich deren volle Aufmerksamkeit. Erst dann beginnen Sie zu sprechen. Bei einem überhasteten, unangekündigten Beginn haben die Teilnehmer keine Chance, sich auf Sie einzustellen. Wie kann man zu Beginn die Aufmerksamkeit der Teilnehmer gewinnen? Mögliche Varianten sind [53]:

- Lassen Sie sich durch eine andere Person ankündigen und warten Sie kurz, bevor Sie mit Ihrer Präsentation beginnen,
- suchen Sie Ihren Standplatz auf, stellen Sie nach und nach Blickkontakt zu den Teilnehmern her und warten Sie, bis Ruhe eingekehrt ist.

Aller Anfang ist schwer. Das merkt man vielen Präsentationen an. Es gibt leider keine Wortschablone, die immer und überall erfolgreich ist. Kollegen wollen anders angesprochen werden als Tagungsteilnehmer oder Geschäftspartner. Abschreckend wirken steife Sätze wie „Sehr verehrtes und höchstgeschätztes Publikum". Auch mit inhaltsleeren Phrasen wie „Ich habe die außerordentlich große Ehre, Ihnen meine Ideen erörtern zu dürfen" verärgern Sie Teilnehmer. Damit erwecken Sie den Eindruck, Sie hätten nichts zu sagen. Häufig ist Unsicherheit die Ursache für Phrasendrescherei. Aus demselben Grund machen sich viele Präsentierende kleiner, als sie sind. Tun Sie das nicht! Beginnen Sie nie mit einer Rechtfertigung oder einer Entschuldigung. Damit stimmen Sie die Teilnehmer nicht milde. Die warten nach einer solchen Einleitung nur darauf, dass Sie den schlechten Start mit einer ebensolchen Präsentation bestätigen. Verkneifen Sie sich daher Formulierungen wie:

- „Meine Folien sind nur schwarz-weiß. Sie sind auch kleingeschrieben, und in den hinteren Reihen werden Sie diese nur schwer erkennen können."
- „Ich habe erst heute Morgen erfahren, dass ich diese Präsentation halten muss. Mein Kollege ist kurzfristig erkrankt, ich bin nur sein zweiter Stellvertreter, und ich hatte kaum Zeit mich vorzubereiten."

Wenn die Folien unleserlich sind, dann werfen Sie sie weg. Farbe allein macht nicht glücklich. Auch gute Schwarz-weiß-Folien erfüllen ihren Zweck. Fehlende Farbe alleine ist kein Grund, sich zu schämen. Auch interessieren sich die Teilnehmer weder für die Grippe Ihres Kollegen noch für die interne Hierarchie in Ihrer Abteilung oder für Zeitknappheit in der Vorbereitung. Wenn Sie eine Präsentation tatsächlich nicht gut vorbereiten können, dann sagen Sie ab. Ansonsten treten Sie an und machen Sie die Präsentation zu Ihrer Präsentation und das Beste aus der Situation.

Das Gegenteil vom Sich-klein-machen ist es, die Teilnehmer klein zu machen. Werten Sie Teilnehmer nie ab. Meiden Sie Formulierungen wie: „Von Laien kann man ja auch nichts anderes erwarten." oder „Auch wenn das etwas zu hoch für Sie ist, bemühen Sie sich wenigstens, mir zu folgen."

Beginnen Sie eine Präsentation stattdessen mit „Guten Tag, meine Damen, meine Herren". Aber nur, wenn auch Damen und Herren im Publikum vertreten sind, sonst starten Sie gleich mit einem Lacher auf Ihre Kosten. Oder sagen Sie: „Ich begrüße Sie herzlich zu meiner Präsentation zum Thema ‚Personalcontrolling'." Herausragend wichtige Personen können Sie namentlich begrüßen, beispielsweise „Herr Professor Schneider, meine Damen, meine Herren". Die nicht namentlich erwähnten Teilnehmer könnten sich dadurch allerdings leicht zurückgesetzt fühlen. Keinesfalls sollten Sie zu viele Personen namentlich begrüßen, wie „Herr Triller, Herr Blau, Frau Seiler, Herr Demmer, meine Damen, meine Herren". Das ist zu lang und wirkt unterwürfig. Im Kollegenkreis können Sie auch mit „liebe Kolleginnen, liebe Kollegen" starten.

5.2 Einleitung

Nach der Begrüßung nennen Sie das Präsentationsthema und den geplanten Ablauf der Präsentation. Die Teilnehmer sollen das Thema und den Ablauf während der gesamten Präsentation sehen können. So wissen sie immer, an welcher Stelle der Präsentation Sie sich gerade befinden. Entweder Sie teilen Thema und Ablauf der Präsentation als Tischvorlage aus, oder Sie schreiben beides auf ein Flipchartblatt, das während der gesamten Präsentation sichtbar bleibt.

Eine Begrüßung mit Einleitung könnte beispielsweise so lauten:

„Sehr geehrte Damen und Herren, wir kommen zum Tagesordnungspunkt ‚Vorstellung der neuen Werbekampagne'. Für das Thema haben wir 1 h Zeit. Meine Präsentation wird 25 min dauern. Für die anschließende Diskussion und die Beantwortung von Fragen haben wir 30 min Zeit. Ich werde die Werbekampagne folgendermaßen vorstellen:

- Warum ist eine neue Werbekampagne notwendig?
- Wie läuft die Kampagne ab, und welches sind die wesentlichen Inhalte?
- Was ist das Außergewöhnliche an der Kampagne?
- Was wird die Kampagne bringen?
- Fragen und Diskussion."

Diese Gliederungspunkte würden gut auf ein Flipchart passen. Jetzt wird es ernst, Sie müssen die Teilnehmer neugierig machen und deren Aufmerksamkeit fesseln. Der Einstieg stellt die Weiche zum Erfolg. In den ersten Minuten einer Präsentation sind die Teilnehmer besonders neugierig und interessiert. Enttäuschen Sie die Erwartungen, schalten die Teilnehmer nach wenigen Minuten ab und lassen den Rest der Präsentation über sich ergehen. Wenn Sie nicht allen Teilnehmern bekannt sind, stellen Sie sich kurz vor. Ihr Vorname, Ihr Nachname und Ihre derzeitige Funktion, eventuell Ihr persönlicher Bezug zum Thema sind ausreichend. Lassen Sie Hobbys, Familie und Details Ihrer Laufbahn weg, damit langweilen Sie die meisten Teilnehmer.

Stimmen Sie Ihre Einleitung auf die Teilnehmer ab. Mögliche Einstiege sind:

- Vorgeschichte zur Präsentation,
- Anlass und Überblick,
- rhetorische Frage,
- Zitat oder Sprichwort,
- aktuelles Ereignis,
- Anekdote/persönliches Erlebnis,
- Startfolie,

- Provokation,
- Witz,
- Videoclip/Demonstration.

Lassen Sie die Teilnehmer nicht rätseln, worüber Sie sprechen wollen. Nennen Sie gleich zu Beginn das Thema, das Ziel und den Anlass – auch wenn die Präsentation ausführlich angekündigt war. Viele Personen hetzen von Besprechung zu Besprechung und sind froh, wenn sie zur rechten Zeit am rechten Ort sind. Durch Nennung von Thema, Ziel und Anlass der Präsentation bieten Sie allen Teilnehmern die Chance einzusteigen. Stellen Sie klar, ob Sie einen Sachstand darlegen, Ihre persönliche Meinung äußern oder ob Sie etwas zur Diskussion stellen. Transparente Präsentationen sind gute Präsentationen. Viele Vortragende straucheln in der Mitte oder am Ende der Präsentation, weil die Teilnehmer Widerstand leisten gegen eine vermeintlich unvollständige oder falsche Sachdarstellung, obwohl der Präsentierende lediglich seine Meinung zu einer Facette des Themas vorstellen wollte. Durch rechtzeitige Klarstellung vermeiden Sie solch überflüssige Streitereien. Ein Überblick gleich zu Beginn bietet allen Teilnehmern die Chance, sich auf die Präsentation einzustellen. Viele erwarten einen solchen Überblick und sind irritiert, wenn keiner kommt.

Sie können auch mit einer rhetorischen Frage starten (vgl. hierzu Tabelle 3.2). Eine rhetorische Frage richtet man an sich selbst, man erwartet keine Antwort, und sie soll Neugier wecken. „Wieso verlassen uns seit sechs Monaten vier Ingenieure pro Woche?" – „Wer von Ihnen möchte mehr Geld verdienen?" Nach einer solchen Frage werden alle Teilnehmer gespannt Ihren Worten lauschen.

Sie können auch mit einem Zitat oder Sprichwort beginnen. Doch das Zitat muss exakt zur Präsentation passen, und es muss kurz und spritzig sein. Das sind hohe Anforderungen und nur wenige Zitate genügen diesen Anforderungen. Positive Beispiele kurzer Zitate sind:

- „Denken ist schwer, darum urteilen die meisten." (*Carl Gustav Jung*, [54])
- „Der treffende Ausdruck wirkt immer gehässig. Das gute Wort verletzt." (*Thomas Mann*, [55])
- „Wer alle seine Ziele erreicht, hat sie wahrscheinlich zu niedrig gewählt." (*Herbert von Karajan*, [56])
- „Menschen mit neuen Ideen gelten solange als Spinner, bis sich die Sache durchgesetzt hat." (*Mark Twain*, [57])
- „Die Gewohnheit ist ein Seil. Wir weben jeden Tag einen Faden, und schließlich können wir es nicht mehr zerreißen." (*Horace Mann*, [58])

Rechnen Sie mit Nachfragen zum Zitat. Sie müssen den Autor und den Kontext kennen, in dem das Zitat steht. Fehlen Ihnen diese Hintergrundkenntnisse, verzichten Sie auf Zitate. Verwenden Sie nur ein Zitat pro Präsentation. Eine Sammlung von Zitaten riecht nach geliehener Autorität. Insgesamt sollten Zitate eher sparsam eingesetzt werden.

Sie können auch mit einer Anekdote beginnen. „Mein erster Eindruck vom Superkleber war umwerfend. Ein Tropfen fiel auf den Stuhl. Nie war ich einem Stuhl näher als in den nächsten Stunden." Dann beginnen Sie mit der Produktpräsentation zum Superkleber.

Eine treffende Anekdote darf ruhig etwas länger sein, wie die von *Edward de Bono* [59] zum Unterschied von Dringlichkeit und Wichtigkeit, die sich zum Thema Zeitmanagement anbietet. „Ein junger Mann nahm eine gut bezahlte Arbeit an, bei der er Holz zersägen musste. Dafür erhielt er einen Akkordlohn und er glaubte, bei harter Arbeit eine Menge Geld verdienen zu können. Am ersten Tag strengte er sich ganz besonders an, und am Ende des Arbeitstags bekam er eine Menge Geld ausbezahlt. Das beflügelte ihn, am zweiten Tag arbeitete er noch härter. Aber am Ende des Tags erhielt er nur noch zwei Drittel des Lohns vom Vortag. Der junge Mann schloss daraus, möglicherweise doch weniger geschafft zu haben als angenommen. Am dritten Tag schuftete er bis an den Rand der Erschöpfung, aber am Ende des Tags bekam er lediglich die Hälfte des Lohns vom Vortag. Überzeugt, betrogen worden zu sein, beschwerte er sich beim Vorarbeiter. Dieser zeigte ihm das Ergebnis seiner Leistung – der junge Mann hatte tatsächlich weit weniger Holz zersägt, obwohl er überzeugt war, mit ganzer Kraft gearbeitet zu haben. ‚Hast du auch nur einmal deine Arbeit unterbrochen, um deine Säge nachzustellen und zu schärfen?', fragte der Vorarbeiter. ‚Nein', antwortete der junge Mann, ‚ich habe viel zu angestrengt gearbeitet, um meine Arbeit unterbrechen zu können.' Dringlich für den jungen Mann war, möglichst viel Holz zu sägen. Wichtig wäre es gewesen, die Säge nachzustellen und zu schärfen." Idealerweise sollten Sie jedoch eine selbst erlebte Anekdote erzählen. Der Leitfaden von *Malcom Kushner* [33] zur Entwicklung eigener Anekdoten kann Ihnen bei der Suche nach anekdotischem Rohmaterial helfen:

- Ihre peinlichste Erfahrung im Beruf,
- der unangemessenste Geschäftsbrief, den Sie je erhalten haben,
- die seltsamste Gewohnheit eines Kollegen, Freunds, Verwandten,
- Ihr erster Arbeitstag,
- der schlimmste Vorgesetzte, den Sie je hatten,
- der größte Fehler, den Sie bei Ihrer Arbeit je gemacht haben,
- das Traurigste, was Ihnen bei Ihrer Arbeit je passiert ist,
- das Seltsamste, das je bei einem Geschäftsessen passiert ist: hässliche Einrichtung, ungeschickte Kellner, schlechtes Essen,
- Ihr erstes Bewerbungsgespräch.

Sie könnten zu Beginn eine Startfolie auflegen. Seien Sie dabei ebenso vorsichtig wie bei Zitaten. Die Folie muss genau zum Thema passen, sie muss perfekt und ohne Erläuterung verständlich sein. Der Einstieg mit einer Startfolie wirkt leicht abgedroschen. Viele Präsentierende beginnen so, weil es in der Anfangsnervosität am leichtesten ist, eine Folie aufzulegen, viel einfacher als eine Anekdote zu erzählen oder eine geschickte rhetorische Frage zu stellen. Wählen Sie die Startfolienvariante nur im Notfall. Es ist beruhigend, für alle Fälle eine Startfolie im Gepäck zu haben, auch wenn man gar nicht vorhat, sie einzusetzen.

Sie können die Teilnehmer gleich zu Beginn mit einer Provokation aufrütteln. Beginnen Sie beispielsweise eine Präsentation zum Thema „Geschwindigkeitsbegrenzung" mit einem Foto von Autowracks nach einer Massenkarambolage. Oder beginnen Sie mit einem Satz wie: „Letztes Jahr starben weltweit so viele Menschen bei Autounfällen, wie in das Münchner Olympiastadion passen." Oder Sie stellen eine provozierende Frage: „Wie gesund ist ein Unternehmen, wenn die Mitarbeiter ständig krank sind?" [60]. Vorsicht, damit polarisieren Sie. Emotionen, die man als Vortragender weckt, können sich auch gegen einen selbst richten.

Erzählen Sie einen Witz, allerdings nur, wenn Sie dies wirklich gut können. Es ist peinlich, wenn niemand außer Ihnen lacht oder sich jemand verletzt fühlt. Witze dürfen nicht abgedroschen sein, und sie dürfen nie hämisch oder anzüglich sein; die Teilnehmer ziehen schnell einen negativen Rückschluss auf Ihren Charakter. Vor allem muss der Witz einen Bezug zum Präsentationsthema haben. Mit einem guten Witz einzusteigen, ist schwer. Wagen Sie sich deshalb nur dann an einen solchen Einstieg, wenn Sie ein erfahrener Witzerzähler sind. Witze sind als Einstieg in Großbritannien und den Vereinigten Staaten von Amerika verbreiteter als im deutschen Sprachraum.

5.3 Herzstück

In diesen Teil der Präsentation platzieren Sie Ihr zentrales Anliegen. Sie nennen Fakten, Daten, Beweise, Argumente, Auswirkungen und machen Vorschläge. Durch die Vorstellung der Gliederung in der Einleitung haben Sie sich in gewisser Weise gebunden. Dieser rote Faden erleichtert es den Zuhörern, Ihnen zu folgen. Lassen Sie sich aus dem roten Faden aber keinen roten Strick drehen. Wenn die Teilnehmerinteressen sich erkennbar auf einen spezifischen Punkt konzentrieren, verweilen Sie dort. Sie gewinnen nichts, wenn Sie alle Ihre geplanten Punkte abhaken, das Interesse der Teilnehmer aber verloren haben.

Bauen Sie Spannung auf. Am besten setzt man je einen Höhepunkt am Anfang und zum Abschluss der Präsentation. Der starke Einstieg macht die Teilnehmer neugierig, sie werden aufmerksamer für das Kommende. Der Abschlusshöhepunkt wirkt nach und bestimmt den Gesamteindruck der Präsentation. Da niemand eine Leuchtrakete nach der anderen abschießen kann – es sei denn, man will unterhalten statt präsentieren – muss man seine Höhepunkte klug platzieren (Bild 5.1).

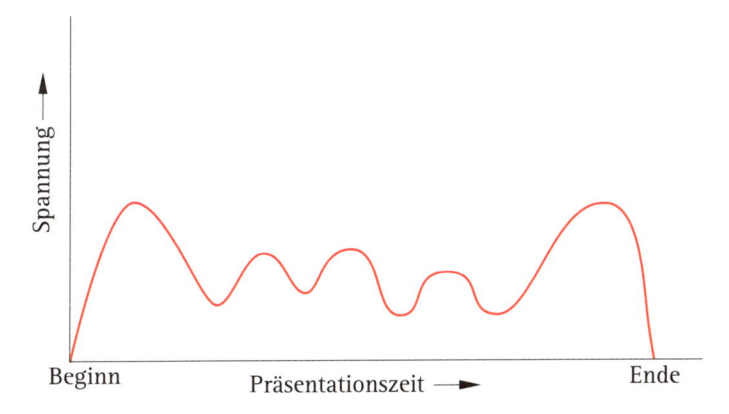

Bild 5.1 Höhepunkte geschickt platzieren (nach [4])

Das stärkste Argument setzen Sie kurz vor den Schluss, das zweitstärkste bringen Sie direkt zu Beginn [52]. Die anderen Argumentationshöhepunkte verteilen Sie gleichmäßig auf die Präsentation. Damit bleiben die Teilnehmer am Ball.

Das Herzstück einer Präsentation besteht idealtypisch aus drei Teilen: Faktenphase, Diskussionsphase und Entscheidungsphase, die nachfolgend vorgestellt werden.

5.3.1 Faktenphase

In der Faktenphase informieren Sie detailliert über ein Konzept, ein Produkt, eine Planung. Hier müssen Ihre Daten, Ideen, Argumente und Vorschläge sprechen. Achten Sie dabei auf die Aufnahmekapazitäten der Teilnehmer. Spätestens nach einer Viertelstunde voller Fakten schalten Teilnehmer ab. Lockern Sie die Faktenphase auf, beispielsweise mit Anekdoten, Beispielen oder Bildern. Aber fassen Sie sich kurz, denn eine Aneinanderreihung von Beispielen wirkt schwächer als ein einziges gutes Beispiel. Manch eine Präsentation ist schon gekippt, weil dem guten ersten Beispiel noch drei schlechte folgten. Manchmal endet eine Präsentation bereits nach der Faktenphase, in der Regel geht es jedoch weiter.

Die wichtigsten Regeln für die Faktenphase lauten [8, 61]:

- Weniger ist mehr. Sieben Gliederungspunkte sind die Obergrenze für die Faktenphase.
- Gehen Sie vom Bekannten zum Unbekannten: Koppeln Sie neue Informationen kurz an bekannte Informationen an.

- Gehen Sie vom Einfachen zum Schweren. Sie verhelfen den Teilnehmern so zu einem Erfolgserlebnis zu Beginn der Präsentation.
- Gehen Sie vom Allgemeinen ins Detail: Stellen Sie Einzelheiten erst vor, nachdem die Teilnehmer einen Überblick haben. Einzelfakten wirken weniger erschlagend, wenn man sie in einen größeren Zusammenhang einordnen kann.
- Gehen Sie vom Konkreten zum Abstrakten. Die meisten Menschen denken in konkreten Situationen und Personen.

5.3.2 Diskussionsphase

In der Diskussionsphase kommen die Teilnehmer zu Wort, stellen Fragen, äußern Zustimmung oder Bedenken und bringen neue Argumente ins Spiel. Halten Sie nach der Faktendarstellung kurz inne. Sammeln Sie sich, lassen Sie den Blick durch die Teilnehmerreihen schweifen und gehen Sie dann bewusst zur Diskussionsphase über. Bieten Sie zunächst an, Verständnisfragen zu klären, um das Verstehen zu erleichtern und Unklarheiten zu beseitigen. Der Übergang zu Bewertungen und Meinungsäußerungen verläuft meist fließend. Zwischen echten Verständnisfragen werden immer auch Meinungen geäußert und Bewertungen abgegeben. Lassen Sie das zu. Schneiden Sie keinem Teilnehmer das Wort ab mit dem Kommentar: „Das gehört nicht hierher, weil es keine Verständnisfrage ist!" Ein so zurückgewiesener Teilnehmer wird entweder aggressiv, oder er zieht sich innerlich zurück. In beiden Fällen haben Sie ihn für die Präsentation verloren, mitunter über die Präsentation hinaus.

Manchmal kommen die Teilnehmer schlecht in Schwung. Wenn Sie eine Diskussion in Gang bringen wollen, verwenden Sie offene Fragen. Beispiele:

- Welche Punkte sind noch offen geblieben?
- Ich würde gerne hören, was Sie dazu meinen.
- Was sind Knackpunkte bei der Umsetzung?
- Waren Sie schon einmal in einer ähnlichen Situation?

Nehmen Sie dazu eine offene Körperhaltung ein und treten Sie in die Mitte des Teilnehmerkreises. Sie können eine noch so offene Frage stellen; wenn Sie mit verschränkten Armen und mürrischem Bodenblick in der Ecke stehen, wird niemand eine Frage stellen – es sei denn, er fühlt sich durch Ihr Verhalten provoziert. Eine solche Frage wird Ihnen dann aller Wahrscheinlichkeit nicht helfen, sondern Schwierigkeiten bereiten.

Bei besonders zähen Gruppen hilft auch eine Kartenabfrage mittels der Moderationstechnik. Teilen Sie ausreichend Pappkarten und Stifte aus und bitten Sie

5.3 Herzstück

alle Teilnehmer, ihre Gedanken in Stichworten aufzuschreiben. Sammeln Sie die Karten ein, lesen Sie die Inhalte vor, stellen Sie wichtige Beiträge zur Diskussion und befestigen Sie die Karten an einer Pinnwand. Sie nehmen den Teilnehmern so die Angst vor dem ersten Beitrag, und selbst ermattete Teilnehmer werden durch das Schreiben wieder munter. Diese Methode dauert allerdings erheblich länger als eine mündliche Abfrage.

Lassen Sie sich und den Teilnehmern in der Diskussionsphase Zeit. Wenn Sie hier aufs Tempo drücken, erhalten Sie die Quittung später. Dann tauchen plötzlich Einwände auf, die Sie schon längst abgearbeitet wähnten. Halten Sie jede Meinungsäußerung fest, auf der Tafel, am Flipchart oder auf Pappkarten. So fließt jede Idee ein, und jeder Teilnehmer hat das Gefühl, sein Beitrag wird berücksichtigt. Greifen Sie so stark ein wie nötig, aber so wenig wie möglich. Rechtfertigen Sie sich bei Gegenmeinungen nicht. Der Rechtfertigungsimpuls ist ebenso übermächtig wie kontraproduktiv. Warten Sie ab. Meist verlaufen die Meinungsfronten quer durch den Teilnehmerkreis. Lassen Sie Teilnehmer auch zu anderen Teilnehmermeinungen Stellung beziehen. Weisen Sie einen Angriff selbst zurück, besteht das Risiko, dass sich die Gruppe solidarisiert. Weist ein Teilnehmer den Angriff eines anderen Teilnehmers zurück, ist das vorteilhaft für Sie.

Als Vortragender haben Sie oft auch die Rolle eines Moderators. Empfehlenswert wäre zwar eine Trennung zwischen Vortragendem und Moderator, häufig werden jedoch beide Rollen von ein- und derselben Person ausgeübt. Sie müssen es dann schaffen, aus dem inhaltlichen Engagement herauszugehen und den Diskussionsprozess zu steuern. Als Moderator haben Sie folgende Funktionen:

- Stoff sammeln: Sie ermuntern die Teilnehmer, sich zu beteiligen. Beispielsweise mit der vorgestellten Kartenabfrage.
- Stoff strukturieren: Sie stecken den Zeitrahmen, Sie präzisieren und fassen Diskussionsbeiträge zusammen, Sie halten Zwischenergebnisse fest.
- Motivieren: Sie halten die Teilnehmer bei der Stange, Sie ermuntern stille Teilnehmer zur Aktivität, Sie bremsen Vielschwätzer.

Ihre Moderation ist umso besser, je mehr die Teilnehmer und je weniger Sie sprechen. Hüten Sie sich vor dem Kardinalfehler, jeden Teilnehmerbeitrag unmittelbar zu kommentieren. Damit ersticken Sie jegliche Diskussionsbereitschaft im Keim. An manchen Stellen müssen Sie aber eingreifen:

- Abschweifungen: Prüfen Sie, ob eine Abschweifung zu viel Zeit beansprucht. Ist sie nur kurz, lassen Sie die Abschweifung zu. Entfernen sich jedoch mehrere aufeinander folgende Beiträge weit vom Thema, erinnern Sie noch mal kurz an das Thema. Hilfreich kann es sein, das Ziel genauer zu formulieren, statt es einfach wörtlich zu wiederholen.

- Pausen: Werden die Pausen zwischen den Beiträgen immer länger, weil die Teilnehmer zögern, suchen Sie nach den Ursachen: Ermüdung, Thema ist erschöpfend behandelt, der rote Faden ging verloren.
- Sachliche Irrtümer: Wenn offensichtliche sachliche Irrtümer akzeptiert werden und die Irrtümer schwerwiegende Auswirkungen auf die Gültigkeit der Aussagen haben könnten, sollten Sie eingreifen.
- Logische Fehlschlüsse: Stellen Sie fest, ob logische Fehlschlüsse unentdeckt bleiben. Beispiele für logische Fehlschlüsse sind:
  - Eine allgemeine Regel wird auf einen Spezialfall angewendet, ohne dass die besonderen Umstände berücksichtigt werden.
  - Von der Konsequenz wird auf die Voraussetzungen geschlossen, z. B.: „Wenn der Mensch fleißig ist, ist er auch produktiv. Deshalb muss er, wenn er produktiv ist, auch fleißig sein." Das klingt nett, ist aber falsch.
  - Behauptungen als Tatsachen darstellen, z. B.: „Die sexuelle Revolution hat zur Erhöhung der Scheidungsrate geführt."

Wenn die Teilnehmer sich aktiv und offen äußern, ist es wichtig, die Fragen richtig anzunehmen. Das Gegenteil von Annehmen ist, sich mitten in der Frage umzudrehen, zur Tafel zu gehen und zu sagen: „Ich weiß schon, was Sie wollen. Sie brauchen gar nicht auszureden. Ich erkläre es Ihnen." Sie können gar nicht wissen, was der Teilnehmer will, bevor er ausgeredet hat. Zudem können Sie aus dem Teilnehmerverhalten während seiner Frage wichtige Hinweise auf die Tiefe der Frage und die Absichten gewinnen. Verschenken Sie diese Information nicht.

Mancher Teilnehmer denkt beim Reden. Das ist lästig für alle; lassen Sie ihn dennoch ausreden. Sie werden keinen dieser Denksprecher ändern, und wenn es zu schlimm wird, geht es auch den anderen Teilnehmern auf die Nerven, und die werden Ihnen dann die Arbeit abnehmen, den „Schwätzer" zu disziplinieren. Signalisieren Sie jedem Teilnehmer, dass Sie ihn und seine Frage ernstnehmen. So vermeiden Sie unnötige Machtkonflikte in der Diskussion. Sehen Sie den Fragenden an und bleiben Sie stehen. Ein Teilnehmer fühlt sich missachtet, wenn Sie signalisieren, seine Fragen schon erfasst zu haben, obwohl er noch redet. Auch wenn Sie es mit letzter Kraft schaffen, die Frage nicht zu unterbrechen, wird der Teilnehmer Ihre Ungeduld erkennen, sei es, dass Sie an Ihrer Kleidung herumnesteln oder dass Sie von einem Fuß auf den anderen hüpfen. Sind Sie solch ein Ungeduldskandidat, dann ändern Sie Ihre Einstellung. Ihren Hauptsprechanteil der Präsentation haben Sie an dieser Stelle bereits hinter sich. Werten Sie es als ein gutes Zeichen, wenn sich Teilnehmer mit Fragen aktiv beteiligen.

Üben Sie das Beantworten der wichtigsten Fragen und Einwände vor der Präsentation, das gehört zur Vorbereitung wie das Erstellen der Folien. Wenn eine besonders kritische Frage gestellt wurde, gehen Sie so vor: Wiederholen Sie die Frage, das gibt Ihnen einige Sekunden Zeit, um Ihre Antwort vorzubereiten.

Behalten Sie Ihren Stil bei. Ein abruptes Ändern des Stils, wenn Sie z. B. freundlicher oder harscher werden, erweckt den Eindruck, Sie seien unsicher. Beziehen Sie die anderen Teilnehmer in Ihre Antwort ein. Gerade bei kritischen Fragen besteht das Risiko, dass Sie sich nur noch auf den Fragenden konzentrieren und die anderen Teilnehmer aus dem Blick verlieren. Verwenden Sie maximal ein Drittel Ihrer Aufmerksamkeit und Ihres Blickkontakts auf den Fragenden und zwei Drittel auf die übrigen Teilnehmer. Bei kritischen Fragen ist die Versuchung groß, die Antwort mit einer Einleitung zu beginnen, beispielsweise „Das ist eine wichtige Frage, und ich bin froh, dass Sie sie gestellt haben." Das wirkt abgedroschen und unsicher. Antworten Sie direkt, denn Sie haben durch die Wiederholung der Frage schon Zeit gewonnen.

Aus den Fragen und der Diskussion erkennen Sie, wie die Teilnehmer zu Ihnen und zum Präsentationsthema stehen. Die Teilnehmer haben nach langem Zuhören das Bedürfnis, auch mal zu reden. Geben Sie den Teilnehmern genügend Raum und Zeit, eigene Ansichten zu äußern. Sie müssen nicht auf jede Aussage eingehen, sollte aber alle Aussagen erkennbar ernstnehmen. Schließen Sie die Diskussionsrunde mit einer Zusammenfassung ab, in der Sie mit den Übereinstimmungen beginnen.

5.3.3 Entscheidungsphase

Die Entscheidungsphase ist kürzer als die Diskussionsphase. Oft reichen wenige Minuten für die Entscheidungsphase aus. Hier sind Ihre Meinung, Ihr Vorschlag, Ihre Entscheidung gefordert. Wenn Sie den Teilnehmern in der Diskussionsphase genügend Zeit gelassen haben, zu Wort zu kommen und Dampf abzulassen, ist dies eine einfach zu handhabende Phase. Die Teilnehmer sehen auf Tafel, Pinnwand oder Flipchart, dass keine Ihrer Äußerungen unter den Tisch gefallen ist, und werden wieder bereitwillig zuhören. Als Vortragender beziehen Sie Punkt für Punkt Stellung zu den Teilnehmeräußerungen, nicht zu jedem Detail, sondern nur zu den Kernpunkten. Betonen Sie Übereinstimmungen und positive Aspekte, die dem Ziel Ihrer Präsentation dienen. Wenn Sie mehrere Argumente nutzen, bringen Sie das stärkste am Schluss [52]. In der Entscheidungsphase haben Sie das Wort, und am Ende steht Ihr Vorschlag. Schließen Sie die Entscheidungsphase mit einem prägnanten Satz ab, beispielsweise:

- Stimmen Sie daher dem Verkauf des Werks in England zu.
- Die Marktführerschaft erringen wir nur mit dem neuen aggressiven Marketingkonzept.
- Aus diesen Gründen schlage ich die Neueinstellung von 20 Mitarbeitern vor.

5.4 Schluss

Der Schluss wirkt nach. Verwenden Sie viel Energie auf ein gelungenes Ende. Sprechen Sie am Schluss etwas lauter und heben Sie die Stimme, das verleiht den Worten Nachdruck. Hüten Sie sich dabei vor wirkungslosen Floskeln wie:

- Möglicherweise konnte ich Ihnen etwas Neues vermitteln.
- Ich denke, man konnte sehen, worauf alles hinausläuft.
- Hoffentlich habe ich Sie nicht gelangweilt.
- Ich hoffe, Ihre Langeweile hielt sich in Grenzen.

Beenden Sie Ihre Präsentation kraftvoll. Ein starker Schluss lässt manchen Holperer im Mittelteil vergessen. Beispiele:

- Appell:
  - Geben Sie den neuen Kollegen eine Chance.
  - Unterstützen Sie uns bei der Vermarktung des neuen Produkts.
- Positiver Ausblick:
  - Wenn wir uns anstrengen, werden wir die Fusion in zwei Jahren erfolgreich vollendet haben.
  - Unser Produkt passt genau in den Markt, wir werden Erfolg haben.
- Zitat: Hier gilt dasselbe wie bei einem Zitat zu Beginn, es muss vor allem passen. Beispiel: „Mit dem Aufhören fange ich jetzt an."
- Schließen Sie den Kreis. Schlagen Sie den Bogen zu Ihrem Anfangszitat, der rhetorischen Einstiegsfrage oder zu Ihrer Eingangsanekdote. Beispiel: „Damit steht die Antwort auf die Anfangsfrage fest: Wer mehr Geld verdienen will, muss jetzt in unseren Technologiefonds investieren."
- Zusammenfassung: „Damit haben wir drei Ansatzpunkte: erstens ..., zweitens ..., drittens ...". Nennen Sie noch einmal den Anlass der Veranstaltung, erwähnen Sie die wichtigsten Punkte aus der Diskussion, betonen Sie die maßgeblichen Entscheidungsgründe, und heben Sie die getroffene Entscheidung deutlich hervor. Kündigen Sie vor der Zusammenfassung kurz an, dass eine Zusammenfassung kommt.

Schluss ist Schluss! Die Teilnehmer mögen es nicht, wenn Sie das Ende ankündigen und dann noch 10 min weiterreden. Das wirkt konfus und unaufmerksam.

Wenn Sie alle Anregungen umgesetzt haben, werden Sie am Ende Ihrer Präsentation Beifall ernten. Mit Beifall souverän umzugehen, ist schwerer, als es scheint. Durch Beifall wird Ihre Leistung anerkannt. Nehmen Sie daher Beifall bewusst entgegen, indem Sie Blickkontakt halten, nach Verklingen des Beifalls

5.4 Schluss

einen Augenblick warten und sich dann verabschieden. Drehen Sie sich während des Beifalls nicht von den Teilnehmern weg. Wichtig ist es, nicht aus der öffentlichen Situation zu fliehen. Sofern eine Diskussion vorgesehen ist, leiten Sie diese nach Entgegennehmen des Beifalls mit einer Frage ein.

Nach einer gelungenen Präsentation ist man erleichtert, die Anspannung fällt ab, und man rutscht in eine Erholungsphase. Verschieben Sie dieses Eintauchen in die Erleichterung, bis alle Teilnehmer den Raum verlassen haben. Ihr Souveränitätseindruck leidet, wenn die Teilnehmer sehen, wie froh Sie sind, dass es vorbei ist. Im deutschsprachigen Raum kann man sich bei kleineren Gruppen bis zu etwa 15 Teilnehmern per Handschlag verabschieden. Sie zeigen so, dass Ihnen die Teilnehmer nicht nur als Statisten wichtig sind, sondern auch als Menschen.

5.5 Checkliste

Auch für die Durchführung einer Präsentation haben wir eine Checkliste (Tabelle 5.1) vorbereitet. Die Checkliste gibt Sicherheit, und wenn Sie mit Ihrer Präsentation in Turbulenzen geraten, dient sie als guter Spickzettel.

Begrüßung im Wortlaut:

Einleitung:
Thema im Wortlaut ...

Ziele (nicht bei allen Präsentationen) ...

Einstieg im Wortlaut ...

Ablauf vorstellen und sichtbar lassen

Hauptteil:
Informationsteil:
1.
2.
3.
Meinungsbildungsteil: zurückhalten, Mund halten, abwarten.
Entscheidungsteil:
1.
2.
3.

Schluss:
Schluss im Wortlaut: ...

Dank fürs Zuhören im Wortlaut: ...

Tabelle 5.1 Checkliste für die Durchführung einer Präsentation

6 Persönliche Wirkung

Nicht nur der Inhalt zählt, sondern auch Sie als Person. Nur wenn Sie glaubwürdig und sympathisch wirken, hören die Teilnehmer gerne zu. Und nur dann erreichen Sie Ihre Ziele. Das Atem- und Sprechtempo sowie die Körpersprache beeinflussen Ihre Wirkung auf die Teilnehmer. Ihr Leistungspotenzial nutzen Sie nur dann, wenn Sie nicht durch zu starkes Lampenfieber gehemmt sind.

6.1 Lampenfieber

Wie zeigt sich Lampenfieber? Man schwitzt, der Atem geht schnell, man bewegt sich hektisch, die Stimme zittert, der Mund wird trocken, man reduziert den Blickkontakt zu den Teilnehmern, die Gestik verkrampft, im schlimmsten Fall kommt es zu einem Blackout. Kommen Ihnen diese Reaktionen bekannt vor? Die zentrale Ursache für Lampenfieber ist nach *Peter Kürsteiner* [28] Angst: die Angst, ausgelacht zu werden, zu versagen, sich zu blamieren, etwas Wichtiges zu vergessen, die Angst vor unangenehmen Fragen sowie vor vielen Menschen.

Folgende Anekdote verdeutlicht das Problem ([33], S. 81). Im Kolosseum im antiken Rom wurde ein Mann einem Löwen zum Fraß vorgeworfen. Die Menge jubelte, als sich der Löwe auf den Mann stürzte und zum Fressen ansetzte. Da flüsterte der Mann dem Löwen etwas ins Ohr, und der Löwe sprang entsetzt auf und rannte davon. Sichtlich beeindruckt fragte der Imperator, was er dem Löwen ins Ohr geflüstert habe. Der Mann antwortete: „Ich habe dem Löwen gesagt, dass er nach dem Essen eine Ansprache halten müsse."

Es ist tröstlich, dass fast alle Menschen bei einer Präsentation Lampenfieber spüren. Lampenfieber ist normal. Sie brauchen Lampenfieber daher nicht vor den Teilnehmern zu verstecken, das würde nur überflüssige Energie kosten. Denken Sie daran, dass kleine Schnitzer nur Ihnen als Vortragendem auffallen, die Teilnehmer merken nichts davon. Werfen Sie sich daher bei kleinen Schnitzern nicht selbst aus dem Konzept, indem Sie einen gedanklichen Teufelskreis eröffnen: „Oje, oje, jetzt warten alle auf den zweiten Fehler. Jetzt muss alles hundertprozentig klappen." Durch solche Teufelskreise schnellt der Stresspegel nach oben. Sie werden dadurch weniger leistungsfähig und begehen irgendwann zwangsläufig den nächsten Fehler [62].

Lampenfieber ist eine Stressreaktion. Als Stress bezeichnet man in der Psychologie einen Zustand, bei dem der Körper auf einen Reiz mit Aktivierung reagiert. Das kann sowohl bei negativen als auch bei positiven Erlebnissen der Fall sein. Negativer Stress wird Disstress, positiver Stress wird Eustress genannt

[63]. Stress ist die Reaktion auf „Stressoren"; die Aktivierungsreaktion des Organismus auf Anforderungen und Bedrohungen. Stressoren sind alle Situationen, die subjektiv als bedrohlich oder überfordernd erlebt werden. Eine Präsentation kann zu einem Stressor werden und die Stressreaktion auslösen; entscheidend ist, wie die Präsentationssituation subjektiv empfunden wird. Bild 6.1 verdeutlicht den praktisch bedeutsamen Zusammenhang zwischen Stresserleben und Leistungsfähigkeit.

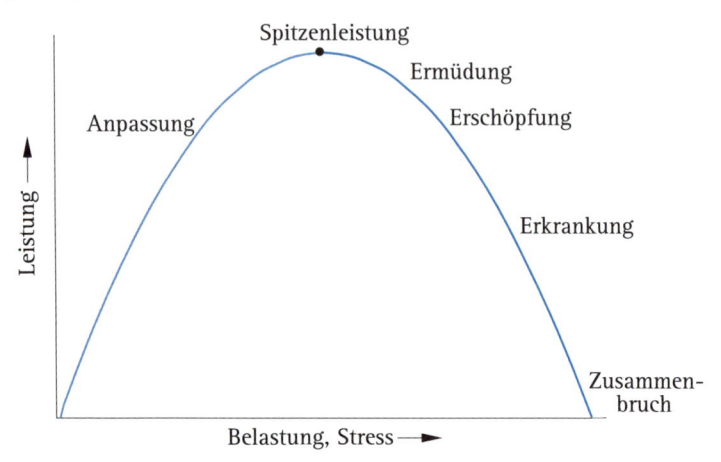

Bild 6.1 Höchste Leistungsfähigkeit bei mittlerem Stress [64]

Bild 6.1 zeigt: Spitzenleistungen erfordern einen mittleren Stresspegel. Zu viel oder zu wenig Stress führen zum Leistungsabfall, die richtige Stressdosis spornt an. Jede körperliche und geistige Anstrengung benötigt ein Mindestmaß an (Stress-)Energie. Spitzenleistungen sind ohne kontrollierten Stress nicht möglich. Stress wirkt zunächst positiv, erst das Übermaß schädigt und führt zu Erkrankungen. Etwas Lampenfieber ist daher ideal. Erst wenn man einen Blackout erleidet, wird es kritisch, siehe hierzu Abschnitt 8.2.

Eine Präsentation selbst löst keinen Stress aus. Einzig Ihre persönliche Bewertung der Präsentationssituation entscheidet darüber, was als Stress erlebt wird [65]. Dazu ein Beispiel: Herr Schneider und Herr Berg sollen eine Kurzpräsentation halten. Beide sind redegewandt und sachkundig. Herr Berg ist ein eher verschlossener, unsicherer Mensch, der zwar über einen guten Sprachstil verfügt, sich aber nur wenig zutraut. Daher graut ihm vor der Präsentation. Herr Schneider steht gerne im Mittelpunkt und hat nur wenig Lampenfieber. Objektiv sind beide fähig, die Situation zu meistern. Subjektiv fühlt sich Herr Berg jedoch weniger befähigt, diese Aufgabe zu bewältigen. Während der Präsentation unterhalten sich zwei Teilnehmer halblaut. Herr Berg denkt: „Die sind sicher anderer Meinung und kritisieren gleich meine Ausführungen." Er ist irritiert, wird noch nervöser und verspricht sich häufig. Herrn Bergs Befürchtung hat sich erfüllt, seine Präsentation ist schlecht. Herr Schneider nimmt die gleiche Situation so wahr: „Da verhalten sich zwei Teilnehmer wie Schulkinder. Na ja, solange sie die anderen nicht stören, spielt das keine Rolle." Herr Schneider spricht sicher weiter.

Leiden Sie unter starkem Lampenfieber? Dann arbeiten Sie mit einer guten Vorbereitung dagegen an. Eine sorgfältige Vorbereitung lässt Sie ruhiger in eine Präsentation gehen. Wenn Sie schlecht vorbereitet sind, sind Sie zu Recht nervös, dann helfen auch Techniken der Stressreduktion nicht. In [8] und [12] wird für die Vorbereitungsphase empfohlen:

- Eine gute Vorbereitung ist eine wichtige Voraussetzung für jede Präsentation. Bereiten Sie sich rechtzeitig und gründlich vor, so gewinnen Sie Sicherheit. Im Zentrum der Vorbereitungen muss ein systematischer Aufbau stehen. Wenn Sie genau wissen, was Sie vorhaben und an welcher Stelle der Präsentation Sie sich gerade befinden, sind Sie ruhiger. Je kürzer Ihre Präsentation ist, desto exakter muss die Vorbereitung sein. Wenn Sie nur 10 min Zeit haben, muss (fast) jeder Satz sitzen.
- Engagieren Sie sich für das Thema. Sie können nur von einer Sache überzeugen, von der Sie selbst überzeugt sind. Wenn Sie nicht hinter dem Thema stehen, weigern Sie sich, die Präsentation zu halten. Wie wollen Sie die Teilnehmer für ein Thema, von dem Sie selbst nicht überzeugt sind, nachhaltig interessieren?
- Bereiten Sie den Inhalt gezielt für die Teilnehmer auf, dann reden Sie nicht an ihnen vorbei, und die Teilnehmer werden sich für Ihre Präsentation interessieren.
- Nehmen Sie sich Zeit für Visualisierungen. Mit gut vorbereiteten Folien kann die Präsentation nicht vollständig misslingen. Durch gute Visualisierungen verlagern Sie einen wichtigen Arbeitsschritt in die Vorbereitungszeit. Dadurch sinkt der Stresspegel während der Präsentation.
- Bereiten Sie ein Stichwortmanuskript vor. Formulieren Sie Anfang und Ende aus. So kann Ihnen nichts passieren, Sie finden jederzeit wieder den Einstieg in Ihre Präsentation.
- Üben Sie Ihre Präsentation vorab. Das gibt Sicherheit und Vertrauen, denn Sie haben es dann bereits einmal geschafft. Ideal ist es, vor einem Spiegel oder mit einer Videokamera zu üben. Was in der Generalprobe geklappt hat, gelingt auch im Ernstfall.
- Beschäftigen Sie sich nicht bis zur letzten Minute mit der Präsentation. Die inhaltliche Vorbereitung sollte am Tag vor der Präsentation abgeschlossen sein. In den letzten Minuten vor Präsentationsbeginn kümmern Sie sich nicht mehr um die Inhalte der Präsentation. Selbst wenn Sie noch Fehler entdeckten, würden Sie diese in der Nervosität kurz vor der Präsentation nicht mehr korrigieren können.

- Überprüfen Sie rechtzeitig die technischen Hilfsmittel, damit Sie Mängel ohne Zeitdruck vor der Präsentation beheben können.
- Lassen Sie vor der Präsentation die Finger von schwerem Essen und von Alkohol. Beruhigungsmittel sind nicht empfehlenswert. Sie werden zwar ruhiger und langsamer, aber nicht besser. Allenfalls ertragen Sie Ihre schlechte Leistung ruhiger.
- Wechseln Sie vor Beginn mit dem einen oder anderen Teilnehmer ein paar freundliche Worte. Sie bauen so einen persönlichen Kontakt auf und können in kritischen Abschnitten der Präsentation Sicherheit gewinnen, indem Sie diese Teilnehmer anblicken.
- Setzen Sie folgende Mittel ein, um Sicherheit auszustrahlen: Sprechen Sie etwas lauter. Wenn man unsicher ist, spricht man automatisch leiser. Halten Sie unbedingt Blickkontakt mit den Teilnehmern. Lernen Sie dazu die ersten Sätze auswendig, damit Sie nicht sofort in Ihrem Stichwortmanuskript nachsehen müssen.
- Sprechen Sie am Anfang betont langsam. Sie kommen so in einen gleichmäßigen Sprech- und Atemrhythmus, vor allem vermeiden Sie Kurzatmigkeit durch zu schnelles Sprechen.

Bauen Sie eine positive Grundhaltung auf, betrachten Sie die Teilnehmer nicht als Feinde, siehe hierzu Abschnitt 8.3. Wenn Sie sich umfassend vorbereiten, werden Sie keinen Blackout erleiden. Wenn alle Stricke reißen und der Blackout doch hereinbricht, dann helfen nur Notmaßnahmen, siehe hierzu Abschnitt 8.2.

6.2 Glaubwürdigkeit

Bei allen Techniken, Tipps und Tricks gilt: Bleiben Sie sich treu. Wenn Sie sich Sprech- und Verhaltensweisen antrainieren, die nicht zu Ihnen passen, werden die Teilnehmer die Unstimmigkeit bemerken und Sie für unglaubwürdig halten. Wortgeklingel, und sei es noch so nett, oder bunte Folien verpuffen in einem solchen Fall wirkungslos, weil sich jeder Teilnehmer fragen wird, welches Ziel Sie wirklich verfolgen. Wer als Manipulator gilt, erreicht nichts. Halten Sie sich an folgende Grundregel: Nur Tipps und Techniken übernehmen, die zur eigenen Persönlichkeit passen. So kann man einen insichgekehrten ruhigen Menschen zwar etwas aus sich herauslocken, einen Alleinunterhalter kann man aber nicht aus ihm machen. Sie werden nicht nur durch Ihr Auftreten, sondern auch durch Ihre Art zu argumentieren glaubwürdig. Argumentieren Sie nach folgenden Regeln [66]:

- Folgerichtig: Sie verlieren die Glaubwürdigkeit, wenn Sie das nicht tun. Lassen Sie die Finger von unbegründeten Behauptungen oder von Scheinbegründungen. Über kurz oder lang wird man Ihnen auf die Schliche kommen.

6.2 Glaubwürdigkeit

- Aufrichtig: Wenn Sie Sachverhalte absichtlich sinnentstellt darstellen, für etwas eintreten, von dem Sie selbst nicht überzeugt sind, oder wenn Sie Ihre Vermutungen als Tatsachen darstellen, werden Sie künftig misstrauisch beäugt werden.
- Gerecht: Zeigen Sie Interesse an einer sachlichen Auseinandersetzung, indem Sie sich um gegenseitiges Verständnis bemühen und Gegenargumente nicht unter den Tisch fallen lassen.

Entscheidend für die Glaubwürdigkeit ist die Übereinstimmung von Denken, Reden und Tun. **Bild 6.2** verdeutlicht die Voraussetzungen von Glaubwürdigkeit.

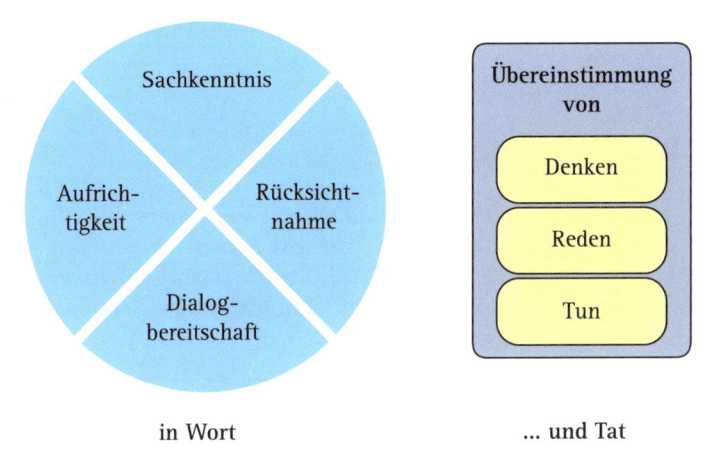

Bild 6.2 Voraussetzungen für Glaubwürdigkeit

Sachkenntnis ist wichtig, nützt aber wenig ohne Aufrichtigkeit, Dialogbereitschaft und Rücksichtnahme. Nur wenn Sie aufrichtig wirken, schenken die Teilnehmer Ihren Argumenten Glauben, und nur wenn Sie Rücksicht auf Empfindlichkeiten und Tabuthemen nehmen, werden die Teilnehmer auch Ihnen entgegenkommen. Das gelingt nur, wenn Sie Dialogbereitschaft zeigen und offen für die Bedürfnisse und Erwartungen der Teilnehmer sind.

Ein weiterer, wichtiger Schlüssel zur Glaubwürdigkeit ist Engagement. „Willst du, dass ich weine, so trauere erst einmal selbst; dann wird dein Unglück mich treffen." Dieser Tipp aus der Ars Poetica des römischen Dichters *Horaz* (eigentlich *Quintus Horatius Flaccus*, vgl. [67], Vers 102–103) ist alt und gut, er stammt aus dem 1. Jahrhundert vor Christus. Ähnliches findet sich bereits in der Poetik des *Aristoteles*. Man überzeugt, wenn die Teilnehmer erkennen, dass man seine Überzeugungen lebt. Engagement heißt wörtlich „Verpflichtung". Wer sich dem verpflichtet fühlt, was er sagt, wirkt engagiert und glaubwürdig. Nur wenige, schauspielerisch begabte Menschen können eine innere Überzeugung glaubhaft vorspielen. Wir raten von einem solchen Versuch ab.

Was soll man tun, wenn man zu einem langweiligen Thema präsentieren muss? Entweder finden Sie jemand anderen, der die Präsentation hält, oder begeistern Sie sich für das Thema und finden Sie eine Facette, die Sie tatsächlich interessiert, und beginnen Sie mit dem Sie interessierenden Teil.

Sprechen Sie Gefühle an. Wer überzeugen will, muss Gefühle offenbaren und Gefühle ansprechen können. Eine emotionale Ansprache wirkt stärker, weil das Gefühl schneller glaubt und den Menschen stärker verpflichtet als der Verstand. Wenn die Teilnehmer stark emotionalisiert sind, halten Sie eine Aussage eher für glaubwürdig [68]. Zuhörer vermuten bei hoher eigener Emotionalität, dass die Aussagen eines Gesprächspartners wahr sind. Emotionales wirkt ungeplant, echt, unkontrolliert und damit eher wahr [69]. Mit emotionalen Aussagen wirken Sie glaubwürdiger.

6.3 Wertschätzung

Menschen möchten anerkannt werden, auch die Teilnehmer einer Präsentation. Wenn Sie den Teilnehmern direkt oder indirekt zu verstehen geben, wie wenig Sie von ihnen halten, werden Sie auf Widerstand stoßen – nicht wegen der Inhalte, sondern wegen der ausgestrahlten Geringschätzung. Hüten Sie sich vor abwertenden Formulierungen (**Tabelle 6.1**).

Das wird gesagt	Das kommt an
Wie ich vorher schon gesagt habe …	Sie haben vorher wohl geschlafen
Wie ja allgemein bekannt ist …	Wenn Sie es nicht wissen, sind Sie dumm
Ich verstehe Sie ja, aber …	Jammern Sie nicht so herum, so schlimm ist es auch wieder nicht
Ja, aber …	Meine Argumente sind doch besser
Es ist nicht notwendig, auf diesen Punkt näher einzugehen	Ich möchte mich nicht mit Ihnen auseinandersetzen
Jeder vernünftige Mensch weiß …	Wer anderer Ansicht ist, ist unvernünftig
Aus einleuchtenden Gründen …	Wer das bezweifelt, ist ein Nörgler
Haben Sie schon einmal nachgedacht, wie Ihre Vorschläge in der Praxis umgesetzt werden können?	Sie Theoretiker, Sie Besserwisser
Wissen Sie eigentlich, worauf es hier ankommt?	Sie wissen nicht, worauf es ankommt
Da täuschen Sie sich aber	Sie haben es nicht kapiert
Hören Sie mir doch mal zu	Sie haben mir die ganze Zeit nicht zugehört
Jetzt wollen wir zur Sache zurückkommen	Sie Querkopf, die ganze Zeit haben Sie an der Sache vorbeigeredet

Tabelle 6.1 Abwertende Formulierungen (nach [28])

Erst wenn die Teilnehmer Wertschätzung spüren, sind sie auch bereit, Ihnen inhaltlich zu folgen. Sie können sich inhaltlich heftig streiten; solange Sie die Wertschätzung durchgängig aufrechterhalten, bleibt die Tür für eine Einigung immer einen Spalt geöffnet.

6.4 Atmung

Die Atmung besteht aus den drei Phasen Einatmen – Anhalten – Ausatmen. Durch Einatmen verschafft sich der Körper Sauerstoff, Sprechen kann man aber nur beim Ausatmen. In der ausströmenden Luft werden die Sprachsignale gebildet. Bei nervösen Rednern kann man Füllgeräusche hören, wie „hmm", „hmbrrrgh" oder „ähm". Der Atemrhythmus ist durch die Anfangsnervosität gestört, und mit Brummlauten versuchen viele Menschen, wieder ausreichend Luft zu bekommen. Falsches Atmen verursacht unnötigen Kraftaufwand beim Sprechen [12]. Zudem benötigt unser Gehirn mehr Sauerstoff, als eine durch Lampenfieber und Angst gepresste Atmung ihm zukommen lässt. Schlimmste Folge ist der Blackout. Man unterscheidet folgende Atmungsarten, siehe **Bild 6.3** von links nach rechts:

- Bauch- und Zwerchfellatmung,
- Brustatmung,
- Flankenatmung,
- Tiefvollatmung.

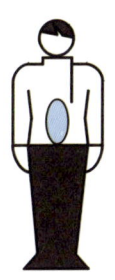

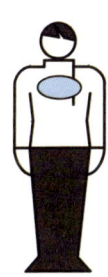

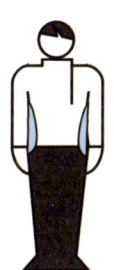

Bild 6.3 Die verschiedenen Atmungsarten (nach [12])

Die Bauch- und Zwerchfellatmung ist gut für das Sprechen, weil sie tiefes und volles Atmen fördert. Je besser man atmet, desto langsamer und intensiver wird die Atmung. Um die Bauch- und Zwerchfellatmung zu trainieren, gehen Sie so vor [12]:

- Atmen Sie aus, indem Sie den Bauch einziehen,
- machen Sie eine Pause,
- atmen Sie ein, bis sich Ihr Bauch vorwölbt.

Stellen Sie sich dabei aufrecht hin, und legen Sie eine Hand flach auf Ihren Bauch. Lesen Sie einen Text vor, und betonen Sie dabei die Endsilben, indem Sie ihnen einen Impuls mit dem Zwerchfell geben. Achten Sie auf die Bauchbewegungen bei den betonten Wörtern. Sie unterstützen das Sprechen, wenn Sie durch die Nase einatmen. Bei der Mundatmung wird kalte oder trockene Luft direkt an den Kehlkopf herangeführt, was negative Folgen hat. Die Schleimhäute der Nase reinigen die Luft, bringen sie auf Körpertemperatur und feuchten sie an. So wird ein Austrocknen von Rachen, Kehlkopf und Luftröhre verhindert.

Bevor man mit dem Sprechen beginnt, muss man ausatmen, sonst hat man zu viel Luft in der Lunge und nicht genug Platz für frische Luft. Die Stimme wird dann gepresst, kraftlos und hektisch. Strömt die Luft unter Stress unkontrolliert aus, werden die Stimmbänder auseinander geblasen, dadurch entsteht ein verhauchter Ton. Im Normalfall atmet man automatisch richtig, nur unter Stress gerät unsere Atmung außer Tritt. In solchen Fällen helfen Atemtechniken über Anspannung und Verkrampfung hinweg. Hilfreich ist der Einsatz folgender Technik: Atmen Sie bewusst 3 s lang ein, zählen Sie dabei innerlich „21, 22, 23". Halten Sie dann 3 s lang die Luft an und zählen dabei innerlich „24, 25, 26". Atmen Sie schließlich 3 s lang aus und zählen Sie „27, 28, 29". Üben Sie diese Technik, es funktioniert umso besser, je mehr Sie zuvor trainiert haben. Übertreiben Sie es aber nicht. Nutzen Sie die beschriebene Atemtechnik nur, wenn Sie eine gepresste Stimme haben oder wenn Sie während der Präsentation die Kontrolle über Ihre Atmung verlieren.

Das Atmen ist wichtig für den Eindruck, den man auf die Teilnehmer macht; ob man überzeugend und energiegeladen oder unsicher und kraftlos wirkt. Eine ruhige Atmung verschafft eine klare und sichere Stimme. Um gut atmen zu können, muss man aufrecht stehen oder sitzen. Eine aufrechte Haltung verbessert zudem Ihre Wirkung auf die Teilnehmer. Eine gute Atmung wirkt nachhaltig positiv.

6.5 Sprechtechnik

Mit unserer Stimme erzeugen wir Klänge und Worte. Durch die Stimme wirkt man lebendig, schafft Stimmungen und bringt seine Persönlichkeit zum Ausdruck. Die beste Folie bleibt wirkungslos, wenn ihr Inhalt mit blecherner, monotoner Stimme heruntergerasselt wird. Einen negativen Eindruck beim Sprechen machen:

- Pressen: harter, gequetschter Stimmeinsatz,
- Verhauchen: Die Stimme klingt heiser, sie trägt nicht,
- zwanghaftes Räuspern: ständiges Räuspern stört die Teilnehmer und schädigt die Stimmorgane,

- nach Luft schnappen: vor jedem Absatz hörbar nach Luft schnappen,
- monotones Sprechen: Bei den meisten Menschen klingt die Stimme monoton, wenn sie nervös sind. Die Brust- und Halsmuskeln verkrampfen und sind unflexibel, dadurch wird der Luftstrom gehemmt und die Stimme verliert ihre natürliche Lebendigkeit.

Mit etwas Übung lernen Sie, Vokale (a, e, i, o, u) und Konsonanten (alle anderen Buchstaben) optimal zu formen. Die Teilnehmer verstehen Sie dann besser. Neben der richtigen Atemtechnik sind für das Sprechen die Vokalisierung, die Artikulation, die Betonung, die Dialektfärbung und die Pausen wichtig.

6.5.1 Vokalisierung und Artikulation

Die Vokale geben der Stimme den Klang. Hals und Unterkiefer müssen entspannt sein, die Zunge muss locker im Mund liegen. Damit die Stimme gut klingt, braucht man Atemluft. Trainieren Sie die Vokalisierung mit folgenden Übungen:

- Bilden Sie den Vokal „u", indem Sie den Mund ganz leicht öffnen. Variieren Sie dann mit den Vokalen „o" und „a", später mit „e" und „i". Die Stimmbänder müssen sich dehnen, damit Vokale gebildet werden können.
- Sagen Sie dreimal laut vor- und rückwärts „a-e-i-o-u". Jeder Vokal muss klar verständlich sein. Es geht nicht um das Tempo, sondern um die Deutlichkeit.

Vokale geben den Klang, Konsonanten die Präzision. Wenn man Sie schlecht versteht, liegt es wahrscheinlich daran, dass Sie nicht präzise artikulieren. Oft werden beispielsweise die Konsonanten „r" und „s" nicht sauber ausgesprochen. Moduliertes Sprechen ist das Gegenteil von monotonem Sprechen. Eine gute Modulation erreichen Sie, wenn Sie Ihre Stimmlage variieren, indem Sie die Lautstärke, die Sprechgeschwindigkeit und die Stimmhöhe verändern. Wer nicht klar artikuliert, sollte möglichst langsam sprechen. Dadurch werden Sie besser verstanden; zudem wirken Menschen, die langsam sprechen – wenn sie es nicht übertreiben –, eindringlich und überlegt. Trainieren Sie eine deutliche und langsame Artikulation, besonders wenn Sie zu schnell sprechen. Hinweis auf zu schnelles Sprechen sind häufige Versprecher und das Verschlucken von Endsilben. Üben Sie kontrolliertes Langsamsprechen anhand folgender Beispiele [12, 28]:

- In Ulm, um Ulm und um Ulm herum.
- Fischers Fritz fischt frische Fische, frische Fische fischt Fischers Fritz.
- Der Cottbuser Postkutscher putzt den Cottbuser Postkutschenkasten.
- Der Whisky-Mixer mixt den Whisky mit dem Whisky-Mixer.
- Zwischen zwei Zwetschgenzweigen saßen zwei zwitschernde Schwalben, zwei zwitschernde Schwalben saßen zwischen zwei Zwetschgenzweigen.

- Im dicken Fichtendickicht nicken dicke Finken tüchtig, dicke Finken nicken im dichten Fichtendickicht tüchtig.
- Der Zweck hat den Zweck, den Zweck zu bezwecken; wenn der Zweck seinen Zweck nicht bezweckt, hat der Zweck keinen Zweck.
- Koalition und Kanalisation.
- Esel essen Nesseln gern, Nesseln essen Esel gern.

Stellen Sie Ihr Sprechtempo so ein, dass Sie diese Zungenbrecher ruhig und fehlerfrei aussprechen können.

Auch die Teekesselübung verbessert Ihre Artikulation. Atmen Sie nicht tonlos aus, sondern artikulieren Sie zuerst ein „s", wie das Summen eines Teekessels. Dann geben Sie motorenähnliche Geräusche von sich. Lassen Sie beispielsweise den Atem durch die fast geschlossenen Lippen ein „b-b-b-b-b-b-b-b" erzeugen. Artikulieren Sie dann ein weiches „sch", als wollten Sie sagen: „Still, es schläft jemand." Nun artikulieren Sie ein „w". Pressen Sie dabei die Unterlippe nicht gegen die Oberzähne. Drücken Sie sie nur leicht an.

Ein gutes Modulationstraining ist Singen. Versuchen Sie mehrmals am Tag zu singen, z. B. im Bad, bei der Fahrt zur Arbeit oder vor dem Schlafengehen. Falls Ihnen das peinlich ist, suchen Sie sich einen ungestörten Ort. Hilfreich ist es auch, Gedichte vorzutragen [28]. Leiern Sie Gedichte nicht monoton herunter, sondern arbeiten Sie Zeile für Zeile ab. Gehen Sie dabei so vor: Atmen Sie nach jeder Zeile und achten Sie darauf, am Ende einer Zeile keine überschüssige Luft mehr zu haben. Üben Sie beispielsweise mit folgendem Gedicht:

Talismane

[...]

Im Atemholen sind zweierlei Gnaden:
Die Luft einziehen, sich ihrer entladen.
Jenes bedrängt, dieses erfrischt;
So wunderbar ist das Leben gemischt.
Du danke Gott, wenn er dich presst;
und dank ihm, wenn er dich wieder entlässt.

(*Johann Wolfgang von Goethe*, Buch des Sängers [70])

Als Steigerung atmen Sie erst nach jeder zweiten Zeile. Dafür brauchen Sie schon etwas mehr Übung. Sie müssen die Luftmenge zielgenauer dosieren. Schließlich sprechen Sie das Gedicht in einem Atemzug. Wenn Sie auch die letzten Worte locker und entspannt sprechen, haben Sie es geschafft.

6.5.2 Betonung

Durch das Betonen einzelner Wörter und Sätze klingt das Gesprochene interessant. Wer eine halbe Stunde in betont tragender Weise vorträgt, der reizt seine Zuhörer. Vermeiden Sie Monotonie, auch ständige Betonung ist monoton. Wenn Sie jedes Wort gleich wichtigmachen, wird jedes Wort gleich unwichtig. Heben Sie nur wichtige Dinge durch Betonung hervor. Üben Sie die Betonung eines Textes, indem Sie sich folgende Markierungen setzen [12]:

- Pause – senkrechter Strich |,
- Betonung – Unterstreichung _,
- Stimme heben – Pfeil nach oben ↑,
- Stimme senken – Pfeil nach unten ↓.

Lesen Sie dann den Text laut vor. Sprechen Sie langsam und klar artikulierend, am besten schneiden Sie Ihre Aussprache mit. Wenn Sie sich anhören, erkennen Sie, an welchen Stellen Sie noch üben müssen. Besonders wichtig ist das Betonen der zentralen Aussagen. Lesen Sie die folgenden Sätze zunächst leise durch, und sprechen Sie sie dann mit vollem Engagement laut aus [71]:

- Ich bin fest davon überzeugt, dass wir eine gute Lösung finden werden.
- Es gibt nur diesen einen Weg, und genau den müssen wir jetzt gemeinsam gehen.
- Wir dürfen in unseren Anstrengungen nicht nachlassen.

6.5.3 Dialekt

Dialektfärbung ist natürlich, jedes zwanghafte Verstecken von Dialekten wirkt künstlich. Antrainiertes Hochdeutsch klingt oft wie Retortensprache – überdeutlich, künstlich und kalt. Eine leichte Dialektfärbung unterstreicht Ihre Herkunft und Individualität. Wenn die Teilnehmer aus derselben Gegend stammen, kann Dialekt sogar Sympathieeffekte auslösen. Bei aller Sympathie für Dialekte müssen Sie verständlich sprechen. Der Gradmesser für Ihre Verständlichkeit sind Menschen, die nicht aus Ihrem Dialektbereich kommen. Wenn Sie nicht verstanden werden, müssen Sie Ihren Dialekt abschwächen. Kaum verständlich ist eine Mischung aus Dialekt und Sprachfehlern oder Sprachmarotten, wie die Kombination von Nuscheln und Dialekt. Das Hauptproblem ist in diesem Fall meist nicht der Dialekt, sondern das Nuscheln. Nur fällt es vielen leichter, ein Nichtverstehen auf den Dialekt zu schieben als auf Nuscheln. Wenn Ihre Gesprächspartner häufig nachfragen, sollten Sie sich eine offene und ehrliche Rückmeldung darüber einholen, was die tatsächliche Ursache hierfür ist.

Immer wieder versuchen Vortragende einen Dialekt nachzuahmen, der nicht ihr eigener ist. Solch aufgesetzter, künstlicher Dialekt wirkt anbiedernd. Auch wenn Sie es nicht mehr merken, „Muttersprachler" können echten von aufgesetztem Dialekt unterscheiden. Daher gilt: Bleiben Sie authentisch, auch in sprachlicher Hinsicht.

6.5.4 Pausen

Vor dem Anfang einer Präsentation steht zunächst eine Pause. Nutzen Sie die **Vier-S-Technik** als Einstieg:

- Steh: Stellen Sie sich aufrecht und gerade hin.
- Schau: Schauen Sie die Teilnehmern an. Binden Sie die Teilnehmer durch Blickkontakt an sich.
- Schnauf: Holen Sie tief Luft und atmen Sie aus.
- Sprich: Erst jetzt sprechen Sie.

Für die Vier-S-Technik benötigen Sie etwa 3 s. Sie binden die Aufmerksamkeit und müssen nicht gegen noch sich unterhaltende Teilnehmer ansprechen. Durch die Pause und den Blickkontakt verstummen die Gespräche.

Legen Sie Sprechpausen ein. Eine Pause ist kein Loch zwischen zwei Sätzen, sondern ein Stilmittel. Viele Präsentierende fürchten Pausen, weil sie vermuten, Pausen könnten als peinliche Brüche empfunden werden. Sie gönnen sich nicht die Ruhe, einige Sekunden innezuhalten, sondern rattern die Worte herunter. Pausen machen Teilnehmer neugierig darauf, wie es weitergeht, sie sind eine gezielte und bewusst eingesetzte Stille, um [12, 72]

- den Teilnehmern die Gelegenheit zu bieten, Informationen zu verarbeiten,
- die Erwartung der Teilnehmer zu steigern,
- Unaufmerksame wieder einzufangen,
- Spannung zu erzeugen.

Für die Dauer von Sprechpausen gilt folgende Regel: 0,5 s dort, wo im Text ein Komma stünde; 1 s dort, wo im Text ein Punkt stünde; 3 s nach Abschluss eines Gedankens dort, wo im Text ein Absatz stünde.

Spannung erzeugen Sie, indem Sie die Stimme heben, das Sprechtempo beschleunigen und vor dem Höhepunkt eine Pause machen. Nach dem inhaltlichen Höhepunkt empfiehlt sich ebenfalls eine Pause, damit eine wichtige Aussage nicht durch zu schnelles Weitersprechen verloren geht. Setzen Sie Kunstpausen ein, wenn Sie etwas besonders hervorheben wollen. Mit einer Kunstpause von 2 s bis 3 s heben Sie die Spannung und erhöhen die Aufmerksamkeit.

Pausen haben noch einen Vorteil: In den Pausen können Sie Luft holen, in Ruhe einatmen und dann langsam in den ausströmenden Luftstrom sprechen. Niemand kann sprechen, während er einatmet. Bei falscher Atmung kommt es zu einer gepressten, resonanzarmen Sprache. Der Vortragende schnappt innerhalb kurzer Zeit nach Luft. Pausen sind ein wertvolles Hilfsmittel und helfen bei der Atemregulation.

6.5.5 Satzbildung

Bilden Sie kurze Sätze. Machen Sie aus einem langen Satz zwei kurze Sätze. Sie müssen in kürzeren Sätzen sprechen, als Sie schreiben. Jeder Satz Ihres Manuskripts, den Sie zweimal lesen müssen, ist zu lang oder zu kompliziert. Kein gesprochener Satz sollte aus mehr als 20 Wörtern bestehen. Ein Durchschnitt von unter 15 Wörtern ist empfehlenswert. Wenn die Teilnehmer über einen komplizierten Satz nachdenken, hören sie nicht mehr zu. Verärgern Sie die Teilnehmer einige Male mit Schachtelsätzen, geben sie auf und hören nicht mehr zu. Verwenden Sie kein Substantiv, wo ein Verb einsetzbar ist, sagen Sie z. B. „begeistern" statt „Begeisterung". *Wolf Schneider* [10] erläutert, was einen guten Stil ausmacht. Seine für das Schreiben entwickelten Regeln sind weitgehend auf Präsentationen übertragbar:

- Her mit den Verben. Meiden Sie aber blutleere Funktionsverben, wie „Bekenntnis ablegen", „Abhilfe schaffen", „in Erwägung ziehen" oder „Verzicht leisten".
- Weg mit Adjektiven. Jedes Adjektiv weniger ist ein Gewinn. Sagen Sie „Gesellschaftsordnung" statt „gesellschaftliche Ordnung". Meiden Sie Superlative und Komparative wie „größter", „schneller" oder „bester".
- Her mit konkreten Worten. Sagen Sie „Windenergie" statt „alternative Technologien", „Aufgabe" statt „Aufgabenstellung", „Motive" statt „Motivationsstrukturen".
- Weg mit Fremdwörtern. Irreführend sind vor allem Nichtübersetzungen, z. B. heißt das Englische „administration" im Deutschen „Regierung" und nicht „Verwaltung (Administration)". Dazu gehört auch das Wort „network", das im Deutschen „Netz" und nicht „Netzwerk" heißt, wenn damit ein Kommunikationsnetz gemeint ist. Dies gilt nicht, wenn in Ihrer Organisation schon das ungeschriebene Gesetz herrscht, dass alles, was englisch klingt, gut und fortschrittlich ist. Wenn eine Besprechung schon „Meeting" und eine Belohnung „Incentive" heißt, dann müssen Sie sich an diesen Stil anpassen, denn Sie wollen ja Ihre Zielgruppe bedienen.
- Weg mit Füllwörtern wie „sozusagen", „gewissermaßen", „in gewisser Weise". Füllwörter blähen eine Präsentation unnötig auf und hinterlassen einen relativierenden, unsicheren Eindruck.

- Weg mit Passivkonstruktionen. Sagen Sie nicht „Die Ausführung dieser Aufgabe wurde uns übertragen", sondern „Wir sind für diese Aufgabe verantwortlich".
- Weg mit Weichmachern. Sagen Sie nicht „Ich würde sagen ..." oder „Sag ich mal ...", sondern „Meine Meinung ist ...". Weichmacher vernebeln die inhaltliche Position. Ständige Weichmacher ermüden die Teilnehmer.
- Hauptfeind Schachtelsatz. Zum Glück sind Schachtelsätze so kompliziert, dass wir beim natürlichen Sprechen selten welche bilden. Wenn Sie ein Manuskript vorbereitet haben, wird es schon gefährlicher, denn vom Papier ablesen kann man Schachtelsätze. Sätze sollen wie ein Pfeil sein: Jedes Wort und jedes Satzglied sollen nicht nur räumlich auf das andere folgen, sondern auch logisch, hierarchisch, chronologisch oder psychologisch.
- Besonders unverständlich sind kommafreie Partizipialkonstruktionen, wie „Einwände von für gutes Deutsch schlechter begabten Schreibern." Verstanden? Eben! Finger weg von zwei aufeinander treffenden Präpositionen, wie in diesem Satz „von" und „für".

Prüfen Sie Ihre Sätze mit dem Fasse-Dich-Kurz-Index (FDK-Index), den Sie so bestimmen können: Zahl der Wörter mit mehr als zwei Silben multipliziert mit Zehn, geteilt durch die Zahl der Sätze. Der FDK-Index sollte sich zwischen 15 und 25 einpendeln [12].

Im Alltag und im persönlichen Umgang ist der Konjunktiv der Höflichkeit sinnvoll, beispielsweise: „Könnten Sie mir bitte das Salz reichen?" In Präsentationen ist er hingegen unangebracht. Die Formulierung „Ich würde vorschlagen ..." ist unglücklich. Wenn Sie sprechen, dann sagen Sie, was tatsächlich ist und was Sie tatsächlich meinen. Der Konjunktiv der Höflichkeit schwächt eine Aussage ab. Wenn Sie ständig Wörter einsetzen wie „würde" oder „könnte", gewinnen die Teilnehmer den Eindruck, Sie seien unsicher oder verantwortungsscheu. Also nicht „Wir sollten uns künftig noch besser informieren.", sondern „Jeder von uns muss ab sofort alle Informationen weitergeben."

Vermeiden Sie Relativierungspartikel, wie „aber", „bloß", „doch", „eben", „eigentlich", „immerhin". Diese Wörter häufen sich, wenn ein Sprecher seine eigene Aussage oder die eines anderen relativiert [73]. Dadurch wirken Sie entscheidungsschwach. Auch das Gegenteil, Verstärkungspartikel, sind nicht empfehlenswert, wie „absolut", „doch", „ganz", „höchst", „sehr", „überaus". Diese Wörter unterstreichen eine Aussage und reizen gleichzeitig zum Widerspruch. Gerade versierten Gegnern bieten verabsolutierte Aussagen eine willkommene Angriffsfläche, weil sie (fast) immer falsche Aspekte enthalten.

Die Sprache der Politiker ist in weiten Bevölkerungsteilen diskreditiert. Meiden Sie deshalb Politikerphrasen, sonst wird das negative Image auf Sie übertragen. Häufige Stilelemente von Politikern sind beispielsweise [74]:

- Persönlicher Hingabepathos:
  Meine ganze Aufmerksamkeit gilt ...,
  wir werden nicht ruhen, bis ...,
  wir werden alle unsere Kräfte dafür einsetzen, dass ...,
  nichts würde mich glücklicher machen ...,
  ... stets werden wir dieses Ziel vor Augen haben.

- Gefühlssatte Kolossalbegriffe, wie „Freiheit", „Verantwortung", „Pflicht", „unsere Jugend", „Zukunft". Nicht die Begriffe an sich sind problematisch, sondern der Kontext, in dem Politiker sie gebrauchen. „Ich übernehme die Verantwortung" sagt man gern, vor allem wenn man die Verantwortung sowieso hat oder ihre Übernahme zu keinen ernsthaften Konsequenzen führt.

- Widerspruchausschließende Versicherungen: „Was jeder hier weiß", „Ich brauche Ihnen nicht erst zu erklären.", „Es steht natürlich ganz außer Frage". Wer nicht argumentieren kann oder will, definiert Zweifel an seiner Behauptung als von vornherein unbegründet und generell unbegründbar. Der Gegner wird präventiv abgewertet.

Je freier Sie sprechen, desto souveräner und glaubwürdiger wirken Sie. Je kürzer und klarer Ihre Formulierungen sind, desto leichter sprechen Sie frei. Zudem erschwert ein komplizierter Satzbau den gezielten Einsatz von Betonung und Rhythmus [53]. Damit steigt das Risiko, monoton zu sprechen.

6.5.6 Körpersprache

Der Erfolg einer Äußerung hängt zu 7 % vom Inhalt, zu 38 % vom Tonfall und zu 55 % von der Körpersprache ab (**Bild 6.4**, [75]). Auch wenn man über die konkreten Prozentpunkte aus der Untersuchung von *Albert Mehrabian* streiten kann, bleibt die Kernaussage beachtlich: Der Inhalt alleine entscheidet nicht über die Wirkung einer Aussage.

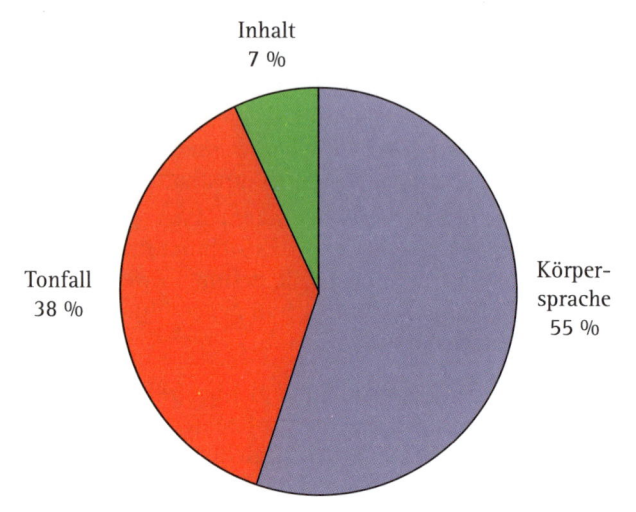

Bild 6.4 Anteile der Gesamtwirkung von Kommunikation – die größte Wirkung hat die Körpersprache

Der Inhalt ist wichtig, aber wenn man Ihnen nicht glaubt, beispielsweise weil Ihr fröhlicher Tonfall nicht zur Trauerrede passt oder Sie bei einer „spannenden" Produktvorstellung mehrmals gähnen, hat der Inhalt keine Chance. Schlechte Inhalte kann man nicht durch Stimm- und Körperzauber ausgleichen, aber man kann gute Inhalte durch ungeschickte Körpersprache wirkungslos machen. Ihre Körpersprache darf Ihren Worten nicht widersprechen. Teilnehmer sind immer auch Zuschauer. Wenn Körpersprache und gesprochenes Wort auseinanderfallen, glauben die Menschen intuitiv der Körpersprache.

Ihr Körper spricht bei der Präsentation mit. Der Buchmarkt ist voll mit Ratgebern zur Körpersprache, von denen nur wenige wirklich gut sind. Die Ratschläge mit Kochbuchqualität „Man nehme", hier in der Variation „Man tue", sind irreführend. Verschränkte Arme bedeuten nicht immer Widerstand, und nicht jedes Stirnrunzeln lässt auf Skepsis schließen. Will man Körpersprache verstehen, muss man alle Signale des Körpers beachten und im jeweiligen Kontext interpretieren. Das ist anstrengend und erfordert viel Übung. Doch es ist glücklicherweise schneller lernbar, auf die Wirkung der eigenen Körpersprache zu achten, als die Körpersprache anderer zu interpretieren. Daher kommen Sie bei Präsentationen weit, wenn Sie einige wenige Regeln beachten, mit denen Sie Ihre Wirkung verbessern können. Sie sind im Folgenden zusammengestellt nach eigenen Erfahrungen sowie nach [12].

Blickkontakt

Halten Sie Blickkontakt. Dieser ist das oberste Gebot für eine wirkungsvolle Präsentation in europäischen Ländern und in Nordamerika. Viele Präsentierende weichen den Augen der Teilnehmer aus, indem Sie schräg nach oben oder nach unten schauen oder einen Punkt an der Wand fixieren. Wenn jemand spricht und dabei keinen Blickkontakt aufnimmt, irritiert das die meisten Teilnehmer. Spontan vermutet man, dass der Vortragende lügt oder dass ihm die Präsentation zumindest unangenehm ist. In der europäischen und nordamerikanischen Kultur erwartet man direkten Blickkontakt. Wandern Sie daher mit dem Blick durch die Teilnehmerreihen, ruhig und gleichmäßig. Suchen Sie sich einen Teilnehmer aus, beispielsweise einen, der Ihnen besonders sympathisch ist, und sehen Sie ihn bewusst kurz an. Starren Sie nicht, sondern blicken Sie ihn 1 s lang bewusst an, dann wandern Sie mit dem Blick zum nächsten Teilnehmer. Mit dem „Blickanker" einer sympathischen Person gewinnen Sie Sicherheit, sowohl zu Beginn der Präsentation als auch in kritischen Phasen. Sehen Sie im Verlauf der Präsentation jeden Teilnehmer mindestens einmal bewusst und langsam an. Wir haben meist Vorlieben, sehen beispielsweise stärker nach rechts oder in die Mitte. Verändern Sie Ihren Standpunkt während der Präsentation und stellen Sie so sicher, dass Sie jeden Teilnehmer mit Ihrem Blick erreichen.

Der Teilnehmer muss Ihren Blick bemerken. Mangelnder Blickkontakt schwächt die Wirkung einer Präsentation. 1 s bis 2 s pro Person genügen, damit sich ein Teilnehmer persönlich wahrgenommen fühlt. Wenn Sie einen Teilnehmer länger als einige Sekunden lang anblicken, kann er das als Bedrohung empfinden, oder als Aufforderung zu sprechen.

Über Blickkontakt erhalten Sie auch Rückmeldungen, wie Sie ankommen. Nicken die Teilnehmer, hören sie aufmerksam zu, wirken sie gelangweilt, sehen sie zum Fenster hinaus oder einer Fliege hinterher, kämpfen sie möglicherweise gegen den Schlaf. Das Blickverhalten der Teilnehmer ist eine elegante Art, noch während der Präsentation eine Rückmeldung zu registrieren.

Mimik

„Wenn Du nicht lächeln kannst, eröffne keinen Laden" (chinesisches Sprichwort). Sie sollen nicht bei jeder unpassenden Gelegenheit grinsen, aber lächeln Sie, wo immer es angebracht ist. Lächeln steckt an und erschwert es den Teilnehmern, Sie harsch anzugreifen. Ein freundliches Lächeln weckt Sympathie und Vertrauen. Ihre Kopfhaltung soll Selbstbewusstsein ausstrahlen, strecken Sie Ihren Hals zu voller Länge aus. Das Kinn sollte sich in der Waagerechten befinden, ein erhöhtes Kinn wird als arrogant empfunden. Machen Sie kein Pokergesicht. Wenn die Teilnehmer nicht in Ihrem Gesicht lesen können, wirken Sie kalt, arrogant und machtbesessen. Viele Menschen runzeln die Stirn, wenn sie sich konzentrieren. Das wirkt kritisch und ablehnend.

Lächeln kommt von innen. Sie müssen tatsächlich positive Gedanken in sich erzeugen, indem Sie beispielsweise an jemanden denken, den Sie mögen. Ein aufgesetztes Lächeln wird zum Grinsen – das wirkt abstoßend. Man sieht, dass Ihr Lächeln falsch ist, und fragt sich, weshalb Sie ein falsches Lächeln aufsetzen. Ehe Sie grinsen, lächeln Sie lieber nicht.

Gestik

Halten Sie die Hände nicht vor die Brust oder vor die Genitalien wie beim Freistoß im Fußball, stemmen Sie sie auch nicht in die Seiten. Legen Sie die Hände nicht auf den Rücken wie ein Drittklässler, der etwas ausgefressen hat, und stecken Sie Ihre Hände auch nicht in die Hosen- und Jackentaschen. Eine Hand darf schon mal kurz in eine Tasche, das wird noch als lässig toleriert. Lassen Sie die Hände zu lange dort, wirkt das flapsig und oberflächlich. Stehen Teilnehmer hierarchisch über Ihnen, lassen Sie Ihre Hände komplett aus den Taschen. Auch sollten Hände und Arme nicht links und rechts an Ihrem Körper herunterbaumeln.

Nehmen Sie stattdessen einen Gegenstand in die Hand, am besten Ihre Manuskriptkarten, notfalls auch einen Stift, solange Sie nicht einen Kugelschreiber unablässig auf- und zudrehen oder vernehmbar hoch- und runterknipsen.

Setzen Sie Gesten angemessen ein. Fuchteln Sie weder wild herum noch lassen Sie die Hände leblos herunterhängen. Halten Sie Ihre Hände oberhalb der Gürtellinie und etwa in Körperbreite. Setzen Sie offene Hände ein, keine Fäuste oder Zeigefinger. Eine offene Hand wirkt freundlich. Nutzen Sie den ganzen Arm; wenn Sie nur mit dem Unterarm agieren, wirken Sie verkrampft.

Alle Gesten müssen zu Ihnen passen. Wenn Sie in der Regel eher sparsam gestikulieren, erhöhen Sie Ihre Aktivität nur leicht, sodass Sie sich noch wohlfühlen. Stehen Sie am anderen Ende der Skala und sind eher ein Fuchtler, nehmen Sie etwas Druck weg, aber verkrampfen Sie nicht aus Angst, zu viel zu gestikulieren. Üben Sie eine gezielte Gestik, indem Sie folgende Aussagen körpersprachlich unterlegen. Stehen Sie auf, sprechen Sie laut und setzen Sie eine passende Geste ein:

- Die Baden-Württemberger sind dafür, die Niedersachsen sind dagegen.
- Unsere Strategie setzt an drei Stellen an: beim Preis, bei der Wertanmutung und beim Service.

6.5 Sprechtechnik

- Für Vorschlag A spricht die schnelle Umsetzbarkeit. Für Vorschlag B spricht die günstigere Kostensituation.
- Mit Fingerspitzengefühl kommen Sie weiter, nicht mit dem Holzhammer.
- Wir sitzen alle in einem Boot.
- Den Letzten beißen die Hunde.
- Tragen Sie zum Erfolg bei – unterstützen Sie das Projekt.

Wer auf Gestik verzichtet, wirkt einerseits steif und verkrampft, andererseits kann übertriebene Gestik hektisch und unsicher wirken. Ideal sind ruhige und positiv wirkende Gesten. Bewegen Sie Ihre Hände daher langsam. Gesten unterhalb der Gürtellinie wirken negativ, hoch mit den Händen in den Bereich zwischen Brust und Hüfte. Keine Geste ist immer gut oder immer schlecht, aber auf viele Menschen wirken folgende Gesten unvorteilhaft:

- Spitzdach: Die Fingerspitzen der Hände liegen aneinander. Die Hände bilden ein Dach, das sich spitz gegen die Teilnehmer richtet.
- Reiben der Hände: Die Hände werden wie beim Waschen aneinander gerieben. Das wirkt unsicher oder verschlagen.
- Pistolenhaltung: Die Hände sind wie zum Gebet verschränkt, die Zeigefinger stehen wie eine Pistole vor. Generell sind spitze und scharfe Gesten negativer besetzt als runde Gesten.
- Erhobener Zeigefinger: Wirkt oberlehrerhaft und bevormundend.
- Verlegenheitsgesten: Rumzupfen an der Kleidung, Spielen mit den Haaren, Nasekratzen oder Ohrenzupfen. Solche Gesten verraten Ihre Nervosität, das schwächt die Wirkung.
- Schulterzucken wirkt ratlos, inkompetent und desinteressiert.
- Wippen auf den Fußballen wirkt ungeduldig.

Lassen Sie Ihrer natürlichen Gestik ihren Lauf und verändern Sie nur besonders störende Gesten. Bewegungen vollständig einzustudieren, führt zu verkrampften und aufgesetzten Gesten.

Körperhaltung

Wenden Sie den Teilnehmern immer die Körperfront zu. Das signalisiert den Teilnehmern Konzentration. Reden Sie auf keinen Fall mit dem Rücken zu ihnen in die Tafel oder die Projektionsfläche hinein. Bei einer idealen Haltung befinden sich die Füße in Schulterbreite, und beide Beine werden gleichmäßig belastet. Andernfalls verspannen sich die Muskeln des Standbeins, und Sie verlagern nach kurzer Zeit das Gewicht, was als Schaukelbewegung wahrgenommen wird und ablenkt.

Halten Sie sich aufrecht und gerade. Eine gebeugte, schlaffe oder zusammengesunkene Körperhaltung deuten die Teilnehmer als Kraft- und Lustlosigkeit, Unterwürfigkeit oder im besten Fall als Müdigkeit. Eine zu lässige Haltung wirkt arrogant. Lümmeln Sie nicht herum. Lässigkeit ist etwas Schönes – an einer Bar oder am Strand, nicht in der Präsentation. Sie sollten weder steif wie ein Stock herumstehen, noch herumlümmeln. Übergroße Lässigkeit wird rasch als Überlegenheitssignal gedeutet und erzeugt Widerstand. Wenn Sie unsympathisch wirken, erreichen Sie nicht die Teilnehmer mit Ihren Worten.

Sobald mehrere Personen zuhören, empfiehlt es sich, aufzustehen. Eine stehende Körperhaltung wirkt aktiver, zudem füllen sich Ihre Lungen besser mit Luft, und die Aussprache wird besser. Sie schlagen zwei Fliegen mit einer Klappe, wenn Sie stehen statt sitzen.

Bewegung

Auch Bewegungen sind nonverbale Signale. Wie viel Abstand halten Sie zu den Teilnehmern? Kleben Sie an Ihrem Stammplatz oder bewegen Sie sich sicher zwischen den Teilnehmern?

Suchen Sie sich für jede Präsentation zunächst einen Stammplatz, von dem aus Sie beginnen. Das ist Ihre sichere Position in schwierigen Situationen. Dazu eignet sich ein Platz in der Nähe des Laptops oder des Flipcharts. Variieren Sie von hier aus Ihre Bewegungen: am Anfang ein paar Schritte vor, dann wieder zurück. So erobern Sie allmählich den Raum. Schreiten Sie dabei nicht ständig hin und her, da Sic sonst Unruhe verbreiten. Gehen Sie einen Schritt nach vorne, wenn jemand eine Zwischenfrage stellt. Wenn Sie eine Folie erläutern, bleiben Sie an einer Stelle stehen. Halten Sie sich an folgende Grundregel: Ändern Sie den Standort nur, wenn ein inhaltlich neuer Abschnitt beginnt oder durch eine Zwischenfrage eine Änderung des Ablaufs eintritt. Ansonsten wirken häufige Bewegungen asynchron zur Präsentation.

Treten Sie in die Mitte des Halbkreises oder der U-Sitzordnung, wenn Sie die Aufmerksamkeit der Teilnehmer auf sich lenken wollen oder eine stärkere Beteiligung wünschen. Halten Sie dabei die Mindestdistanz ein, nähern Sie sich einem Teilnehmer nicht weiter als bis auf 1 m. Jeder Mensch hat seine Distanzzonen; werden diese unterlaufen, kann er nervös und aggressiv werden.

Sofern Sie im Team präsentieren, sollte jeder Vortragende einen Stammplatz haben, der es ermöglicht, die Teilnehmer direkt anzusprechen und der es den Vortragenden erlaubt, sich gegenseitig anzusprechen. Die Teilnehmer müssen auch diejenigen Vortragenden sehen, die gerade nicht sprechen. So kann jeder Vortragende jederzeit angesprochen werden und die Vortragenden können auch ihrerseits in das Geschehen eingreifen. Dabei empfiehlt es sich, mit einem Schritt nach vorne zu treten und dann zu sprechen. Damit wird für – alle erkennbar – auch für die anderen Vortragenden ein Sprecherwechsel eingeleitet [53].

Aussehen

„Wer schön ist, ist auch gut." [76]. Das ist zwar ungerecht, aber so denken die meisten Menschen. Attraktive Menschen werden im Vergleich zu weniger attraktiven positiver bewertet. Sie werden als freundlicher, empfindsamer, umgänglicher, geselliger, intelligenter und interessanter angesehen. Man unterstellt ihnen ein erfolgreiches berufliches und privates Leben.

Nun kann man weder sein Gesicht noch seine Figur austauschen, nur weil sie den Teilnehmern nicht passen. Das ist auch gar nicht erforderlich. Durch eine gepflegte äußere Erscheinung erzeugen Sie einen starken Attraktivitätseindruck. Richtig hässlich ist kaum jemand, makellos schön ebenso wenig. Durch Pflege, Kleidung und Körperhaltung bestimmen Sie den größten Teil des Attraktivitätseindrucks – und diese Dinge haben Sie in der Hand.

Ihre äußere Erscheinung bestimmt maßgeblich den ersten Eindruck, den Sie hinterlassen. Bevor Sie den Mund zum ersten Wort öffnen, haben die Teilnehmer schon einen Eindruck von Ihnen. Ihre äußere Erscheinung löst sofort Reaktionen aus, daher muss sie der ersten Prüfung standhalten. Mängel in der Kleidung lenken vom Inhalt ab und bieten überflüssige Angriffsflächen. Jeder Mensch hat eine begrenzte Konfliktfähigkeit. Verschwenden Sie Ihre nicht auf im Kampf, Ihren alten Lieblingspulli um jeden Preis durchzusetzen. Schonen Sie sich für die Sachdiskussionen. Es sind die inhaltlichen Erfolge, die zählen.

Es gibt keinen geschriebenen Kleiderkodex, aber es gibt ungeschriebene Grenzen. Würden Sie in alten Turnschuhen und violettem Ballonseidentrainingsanzug eine Präsentation halten? Hoffentlich nicht. Wenn Sie nicht gerade in der Medien- oder Werbebranche präsentieren, gehören für Männer Sakko und Krawatte zur Grundausstattung. Möglicherweise sind dazu Jeans ausreichend, meist empfiehlt sich jedoch ein Anzug in den klassischen Farben dunkelgrau oder dunkelblau. Frauen haben es leichter und schwerer; sie sind zwar weniger starr festgelegt, haben aber auch mehr Möglichkeiten, gründlich daneben zu liegen. Attraktivität hilft, bei Männern wie bei Frauen, aber zu viele weibliche Reize lenken ab und schaden dem Ansehen. Angemessene Kleidung strahlt Souveränität aus. Täuschen Sie sich nicht: Selbst wenn die Teilnehmer in Alltagskleidung kommen, erwarten Sie dennoch vom Vortragenden, dass er gut gekleidet ist. Wenn in der letzten Reihe jemand mit schmutzigen Schuhen sitzt, sieht das niemand. Trägt ein Vortragender schmutzige Schuhe, sieht das jeder. Wählen Sie im Zweifelsfall die bessere Jacke, die neuere Bluse und die eleganteren Schuhe. Natürlich sollen Sie nicht im dunklen Anzug auftreten, wenn alle anderen Jeans und Poloshirt tragen. Bleiben Sie aber in der Tendenz eine halbe Stufe über dem Kleidungsniveau der Teilnehmer. Vermeiden Sie alles, was zu sehr ablenkt, wie grelle Farben, wild gemusterte Strümpfe, bunte Krawatten, klimpernde Schmuckstücke und Riesenketten, bei denen man als Teilnehmer Angst bekommt, Sie könnten das Gleichgewicht verlieren oder sich strangulieren. Brillenträger können mit der

Brille ihre Wirkung stark verändern. Vorsicht vor wilden Designerkonstruktionen. Diese wirken oft gequält jugendlich.

Teil Ihrer Erscheinung sind auch Frisur, Hände und Fingernägel. Der beste Anzug verblasst, wenn Sie dreckige Fingernägel haben oder die Teilnehmer rätseln, ob Sie vor drei oder vier Monaten zum letzten Mal beim Friseur waren.

6.6 Checkliste

Auch für diesen Abschnitt haben wir eine Checkliste (Tabelle 6.2) vorbereitet. Die wichtigsten personenorientierten Aspekte für eine gelungene Präsentation sind hier zusammengetragen.

Lampenfieber	gut vorbereiten, vor der Präsentation Worte mit einzelnen Teilnehmern wechseln, sich positiv einstimmen
Glaubwürdigkeit	Sachkenntnis, Aufrichtigkeit, Rücksichtnahme, Dialogbereitschaft, Engagement, Gefühle zeigen
Wertschätzung	keine abwertenden Formulierungen verwenden
Atmung	Bauch- und Zwerchfellatmung, beim Ausatmen sprechen, Atemtechnik üben
Sprechtechnik	klar und deutlich artikulieren, betonen, Pausen einlegen, kurze Sätze bilden
Körpersprache	Blickkontakt halten, lächeln, positive Gesten, auf beiden Beinen gleichmäßig stehen, in den Raum hinein gehen, Kleidung auf oder etwas über dem Kleidungsniveau der Teilnehmer

Tabelle 6.2 Checkliste für personenbezogene Aspekte von Präsentationen

7 Nachbereitung

Nach der Präsentation heißt es nicht: „Ende gut, alles gut", sondern es geht weiter. In der Alltagshektik fällt die Nachbereitung einer Präsentation oft unter den Tisch. Der nächste Termin drängt und die nächste Präsentation steht vor der Tür. Es gibt keinen überzeugenden Grund, auf die Nachbereitung einer Präsentation zu verzichten. Denn mit einer guten Nachbereitung festigen Sie das positive Bild der Präsentation, und weil nur wenige ihre Präsentation systematisch nachbereiten, heben Sie sich positiv ab.

Was gehört zu einer gelungenen Nachbereitung? Sie sollten aus Ihren Fehlern lernen, Zusagen, die Sie während der Präsentation gemacht haben, einhalten und die Unterlagen so archivieren, dass Sie jederzeit darauf zugreifen können. Besonders das zeitgenaue Einhalten von Zusagen wird Sie positiv von den meisten Präsentierenden abheben. Und wenn Sie sich schon so viel Arbeit mit der Präsentation gemacht haben, archivieren Sie die Unterlagen. Sie sparen damit viel Zeit, falls Rückfragen kommen oder wenn Sie zu einem ähnlichen Thema wieder einmal präsentieren müssen.

7.1 Wirkungsanalyse

„Ich weiß nicht, was ich gesagt habe, solange ich nicht die Antwort darauf gehört habe." Dieser Ausspruch des Kybernetikers *Norbert Wiener* [77] zeigt, wie wichtig die Rückkopplung (Feedback) für die eigene Entwicklung ist. Natürlich erhalten Sie während der gesamten Präsentation Feedback, und sei es nur dadurch, dass ein Teilnehmer ständig auf die Uhr sieht und gähnt. Sie wissen jedoch nicht, was das heißt, ob Ihre Präsentation langweilig ist, der Teilnehmer schlecht geschlafen hat oder ob er einen anderen dringenden Termin hat. Letztlich hilft Ihnen nur ein offenes Feedback weiter. Dieses zu geben und zu nehmen ist eine Kunst. Es kann schmerzhaft oder peinlich sein, Abwehr auslösen oder Schwierigkeiten provozieren. Wenn Sie einige Regeln beachten, erhöhen Sie die Chance auf ein gelungenes Feedback. Die Regeln für denjenigen, der Feedback gibt, lauten [78]:

- Beschreiben Sie konkretes sichtbares Verhalten. Vermeiden Sie Verurteilungen, Anklagen und Verallgemeinerungen. Sagen Sie also nicht: „Sie unterbrechen mich immer und hören nie zu.", sondern „Sie haben mich seit Beginn der Präsentation dreimal unterbrochen ..."
- Schildern Sie dann die Empfindungen, die das beschriebene Verhalten bei Ihnen hervorgerufen hat. Die Trennung von Verhaltens- und Empfindungsbeschrei-

bung ist wichtig, weil gleiches Verhalten von verschiedenen Personen unterschiedlich empfunden werden kann. „Ich habe dadurch den Eindruck, Sie interessieren sich nicht für das, was ich sage."

- Sagen Sie „Ich" statt „man". Es muss deutlich werden, dass Feedback subjektiv ist und im eigenen Namen erfolgt. Sie äußern Ihre persönliche Meinung, Sie verkünden kein Urteil mit Wahrheitsanspruch. Das muss sprachlich zum Ausdruck kommen. Formulieren Sie eher so: „Ich persönlich finde ..." als so: „Alle sind der Meinung, dass Sie ..."

- Positives und Negatives äußern. Positive Eindrücke werden meist als selbstverständlich hingenommen und bleiben ungeäußert. Negative Kritik wird viel häufiger und viel leichter ausgeteilt. Äußern Sie neben negativen auch Ihre positiven Eindrücke.

- Sprechen Sie denjenigen, dem Sie Feedback geben (Feedbacknehmer), direkt an und stellen Sie Blickkontakt her. Machen Sie ihn nicht zum Objekt der Kritik, sprechen Sie nicht über ihn, sondern mit ihm.

- Feedback bezieht auch den Zustand des Feedbacknehmers ein. Wenn der andere nach einer misslungenen Präsentation am Boden zerstört ist, trampeln Sie nicht gleich danach schonungslos auf ihm herum. Geben Sie das Feedback in einem solchen Fall am nächsten Tag in einer entspannten Atmosphäre.

Der Feedbacknehmer muss nur eine Regel beachten, diese allerdings strikt. Als Feedbacknehmer hören Sie zu. Sie rechtfertigen sich in keinem Fall, egal, wie missverstanden Sie sich fühlen. Lassen Sie sich als Feedbacknehmer nicht zu Äußerungen hinreißen wie: „Sie haben ja durchaus in gewissen Punkten Recht, aber ...". Der Feedbackgeber schildert seinen Eindruck, und der kann nicht aus der Welt gerechtfertigt werden. Solange er sich an die Regeln hält, müssen Sie sich zurückhalten. Damit vermeiden Sie die Standardreaktion auf negatives Feedback, die geschwätzige Rechtfertigung. Sie gehen damit den Teilnehmern auf die Nerven und bringen sich um die Chance, künftig ein offenes Feedback zu bekommen. Wenn Sie sich rechtfertigen oder sogar verbal auf den Feedbackgeber einschlagen, wird dieser sich beim nächsten Mal mit seiner ehrlichen Meinung zurückhalten. Echtes und ehrliches Feedback ist ein Geschenk, und so sollten Sie es auch behandeln.

Noch ein paar Worte zum richtigen Zuhören. Zuhören ist mehr als Schweigen. Da es vielen Menschen schwerfällt, Feedback zu geben, machen Sie es Ihrem Zuhörer leichter, wenn Sie ihm aktiv zuhören. Signalisieren Sie volle Aufmerksamkeit, halten Sie den Blickkontakt und wenden Sie sich ihm zu. Ermutigen Sie durch Nicken zum Weitersprechen, indem Sie zustimmende Kurzlaute wie „ehmm" von sich geben. Schaffen Sie eine angenehme Gesprächsatmosphäre. Gerade bei kritischen Aspekten sollten Sie es dem Feedbackgeber leicht machen, seine Eindrücke auszusprechen. Unterlassen Sie jegliche wertende oder rechtfertigende Äußerung. Der Feedbackgeber muss spüren, dass Sie an seiner ehrlichen

7.1 Wirkungsanalyse

Meinung interessiert sind. Fragen Sie, wenn Sie etwas nicht verstanden haben oder etwas noch genauer wissen möchten. Wählen Sie dafür offene Fragen, beispielsweise: „Was an meiner Sprechweise war ermüdend? Können Sie das an einem Beispiel erläutern?" Vermeiden Sie Suggestivfragen wie: „Ich war doch gut, nicht wahr?" Durch solche Fragen zerstören Sie Feedback und wirken bedürftig.

Fehler sind Chancen – wenn man aus ihnen lernt. Viele Rückmeldungen sind geschönt. Wenn die Teilnehmer Sie sympathisch finden, werden Sie nur wenige kritische Rückmeldungen erhalten. Sichern Sie sich daher möglichst eine zusätzliche Meinung durch einen Vertrauten, der die Präsentation angehört hat. Wählen Sie keine Ihnen unterstellten Mitarbeiter. Am besten eignet sich ein Kollege. Geben Sie ihm vor der Präsentation die Checkliste (**Tabelle 7.1**) und bitten Sie ihn, auf die einzelnen Punkte zu achten. Den meisten Menschen fällt Feedback leichter, wenn sie sich an einem solchen Fahrplan orientieren können.

Wie war die Atmosphäre? Offen, kommunikativ, konstruktiv?
Habe ich Blickkontakt zu den Teilnehmern gehalten? Habe ich Teilnehmer vergessen oder links liegen lassen?
Waren meine Gestik und Mimik den Teilnehmern zugewandt und freundlich?
Wie war die Ausdrucksweise? Klar, deutlich, verständlich? Kurze Sätze, einfache Worte, anschauliche Beispiele?
Welche Inhalte habe ich gut vermittelt?
Welche Inhalte hätte man besser darstellen können?
War ein roter Faden erkennbar? Welches war der rote Faden?
Wie habe ich mich selbst dargestellt? Kompetent, arrogant, freundlich? War ich zu sehr in die eigenen Vorstellungen verliebt?
War die Präsentationsdauer dem Thema angemessen?
An welchen Stellen habe ich mich unwohl gefühlt? Schauen Sie besonders auf diese Stelle. Die Knackpunkte sind dort, wo Sie ein schlechtes Gefühl hatten.
Wie war mein Umgang mit den Medien? Sicher, oder muss ich noch üben?
Habe ich Angst in der Diskussion gezeigt?
Sind die Teilnehmer überzeugt nach Hause gegangen?

Tabelle 7.1 Checkliste Feedback nach Präsentationen

Nicht immer hat man einen vertrauensvollen Kollegen, den man nach seiner Präsentation um eine Rückmeldung bitten kann. Wenn Sie längere Zeit ohne Feedback auskommen müssen, besteht das Risiko, dass sich Fehler einschleichen. Dem können Sie begegnen, indem Sie vor einer Präsentation die Selbstchecklist (**Tabelle 7.2**) durcharbeiten. Beantworten Sie die einzelnen Fragen; je häufiger Sie mit „Ja" antworten, desto besser. Hinter jeder „Nein"-Antwort stecken Verbesserungsmöglichkeiten.

Themen	Ja	Nein
Ich lege Ziele fest, bevor ich mit der Präsentationsvorbereitung beginne.	☐	☐
Ich analysiere die Erwartungen der Teilnehmer vor der Präsentation.	☐	☐
Ich mache eine Generalprobe unter Verwendung aller Hilfsmittel.	☐	☐
Ich überprüfe die Hilfsmittel vor der Präsentation.	☐	☐
Mein Aufbau ist systematisch und leicht nachvollziehbar.	☐	☐
Ich bin von meinen Inhalten überzeugt.	☐	☐
Zu Beginn gebe ich einen Überblick über das, was kommt.	☐	☐
Ich fessle in der Einleitung die Aufmerksamkeit der Teilnehmer.	☐	☐
Ich weiß, welche Vorteile die Teilnehmer von der Präsentation haben werden, und sage das auch.	☐	☐
Ich atme ruhig und gleichmäßig.	☐	☐
Meine Notizen enthalten nur Stichwörter.	☐	☐
Ich trage frei vor, ein Blick auf Stichwortzettel gilt als frei.	☐	☐
Ich spreche in kurzen und prägnanten Sätzen.	☐	☐
Ich spreche klar, moduliert und in angemessenem Tempo.	☐	☐
Ich lege beim Sprechen Pausen ein.	☐	☐
Ich schaue jeden Teilnehmer mindestens einmal an.	☐	☐
Ich setze visuelle Hilfsmittel ein, die geeignet und leicht lesbar sind.	☐	☐
Ich lächle während der Präsentation.	☐	☐
Meine Hände und meine Mimik unterstreichen meine Aussagen.	☐	☐
Am Schluss fasse ich die wichtigsten Gedanken zusammen.	☐	☐

Tabelle 7.2 Checkliste zur Selbstbewertung der Präsentation

7.2 Zusagen

Bei vielen Präsentationen bleiben noch Dinge offen. Ein Teilnehmer möchte beispielsweise genauere Informationen, die Sie ihm zusenden sollen. Versenden Sie solche Nachträge am selben Tag, spätestens am nächsten Tag. Je näher die Zusatzinformation zeitlich an Ihrer Präsentation liegt, desto stärker ist noch der emotionale Überzeugungseindruck. Wenn der interessierte Teilnehmer die Zusatzinformationen eine Woche nach der Präsentation erhält, ist schon zu viel Zeit vergangen, das Interesse ist erkaltet, und die Information landet in der Ablage oder gleich im Papierkorb.

Angenommen, bei der Handlungsempfehlung am Ende einer Präsentation sind alle einverstanden, ist es Ihre Aufgabe, den ersten Schritt zur Umsetzung zu gehen. Gehen Sie diesen Schritt unverzüglich, solange die Zustimmung noch allen präsent ist. Schon am nächsten Tag kann es eine andere Präsentation geben, die die Aufmerksamkeit der Beteiligten bindet. Machen Sie die Zustimmung durch erste Handlungsschritte unumkehrbar.

Sollte sich die Umsetzung verzögern, informieren Sie die Teilnehmer, warum das so ist. Halten Sie die Teilnehmer auf dem Laufenden. Die Präsentation ist kein Selbstzweck, sondern ein Mittel zur Zielerreichung. Auch nach einer Präsentation müssen Sie am Ball bleiben. Nicht immer wird Widerstand offen in der Präsentation geäußert. Gehen Sie nicht davon aus, dass sich irgendetwas von selbst regelt oder erledigt.

7.3 Archivierung

Am Anfang steht die Entscheidung, welche Unterlagen Sie wegwerfen und welche Sie aufheben. Werfen Sie alle Dinge sofort weg, die nach kurzer Zeit veralten, schnell wieder herzustellen oder platzraubend sind.

Bewahren Sie Flipchartblätter nur auf, wenn Sie sie in wenigen Wochen wieder benötigen oder wenn das Erstellen eines grafisch besonders anspruchsvollen Blatts sehr viel Zeit in Anspruch genommen hat. Ansonsten werfen Sie Flipchartblätter nach der Präsentation weg, allerdings nicht vor den Augen der Teilnehmer und nicht in den Papierkorb des Präsentationsraums; denn das wirkt auf die Teilnehmer so, als ob Sie das Erarbeitete und Diskutierte gering schätzen.

Von Pinnwandergebnissen fertigen Sie ein Foto mit einer Digitalkamera. Das Bild können Sie am PC weiterbearbeiten und bei Bedarf den Teilnehmern zugänglich machen. Die Originalmaterialien werfen Sie weg.

Sie müssen Ihre archivierten Unterlagen schnell finden. Entscheidend ist, dass Sie überhaupt nach einem System archivieren und dass Sie sich an dieses System halten. Sie können entweder alle zu einer Präsentation gehörenden Dinge zusammen aufbewahren, oder Sie bewahren die Videos, die Dias, die Folien und das schriftliche Begleitmaterial gesondert auf. Man kann mit beiden Systemen gut arbeiten. Entscheidend sind die Aufbewahrungsmöglichkeiten und Ihre persönlichen Vorlieben.

Sofern Sie eine gesicherte Dateiversion des schriftlichen Begleitmaterials besitzen, ist das Papierexemplar überflüssig. Bis zur nächsten Präsentation sind wahrscheinlich Änderungen vorzunehmen, daher können Sie die Papierversion gleich wegwerfen.

Auch für die Nachbereitung einer Präsentation haben wir eine Checkliste (Tabelle 7.3) erstellt.

Feedback einholen	dabei die Feedbackregeln beachten
Wenn kein Fremdfeedback möglich ist, Checkliste zur Selbstbewertung der Präsentation durcharbeiten	selbstkritisch vorgehen
Zusagen: Was an wen bis wann?	
Sofortige Umsetzungsschritte:	
Wegwerfen:	
Speichern:	
Aufbewahren:	

Tabelle 7.3 Nachbereitung einer Präsentation

8 Umgang mit Widrigkeiten

Selbst bei präziser Vorbereitung ist man vor unangenehmen Überraschungen nicht gefeit. Manchmal muss man unter ungünstigen Rahmenbedingungen eine Präsentation halten, manchmal muss man sich mit unangenehmen Teilnehmern herumplagen. Wir gehen in diesem Kapitel auf mögliche Widrigkeiten ein und schlagen Lösungen vor.

8.1 Technikausfall

Pannen passieren – Katastrophen macht man selbst. Bei einer Panne läuft etwas nicht so, wie man es geplant hat. Es gibt vorhersehbare und unvorhersehbare Pannen. Projektorlampen haben – je nach Einschalthäufigkeit – eine Lebensdauer von lediglich 700 h. Mit dem Ausfall einer Lampe im Overheadprojektor müssen Sie rechnen und wissen, wer Ihnen mit einer Ersatzlampe schnell weiterhilft. Die meisten Pannen sind vorhersehbar und können mit guter Vorbereitung verhindert werden: Halten Sie die Präsentation einmal „trocken". Prüfen Sie eigenhändig die Funktionsfähigkeit Ihres Laptops/Notebooks und das Zusammenspiel mit dem Digitalprojektor. Kommen Sie rechtzeitig in den Präsentationsraum. In 30 Minuten kann man in der Regel einen abgestürzten Laptop wieder hochfahren, eine Projektorlampe austauschen, ein fehlendes Flipchart organisieren oder einen defekten Diaprojektor ersetzen. Die meisten Technikausfälle können Sie ohne Hektik vor Ihrer Präsentation beheben. Wenn die Technik während der Präsentation ausfällt, versuchen Sie, die Störung zu beseitigen. Entschuldigen Sie sich nicht und schieben Sie die Panne nicht auf einen anderen [6]: „Ich habe dem Veranstalter gesagt, dass ich ein großes Flipchart brauche. Ich verstehe gar nicht, wieso keines da steht." Beheben Sie stattdessen die Panne in Ruhe und ohne Kommentierung oder Schuldzuweisung an Dritte.

Nicht alle Probleme kann man mit guter Vorbereitung in den Griff kriegen. Wenn der Strom ausfällt, hilft Ihnen eine Ersatzlampe nicht weiter. Störungen, die Sie nicht binnen weniger Minuten in den Griff bekommen, müssen Sie innerlich abhaken. Sollte beispielsweise nach einer kurzen Unterbrechung der Digitalprojektor immer noch nicht mit dem Laptop harmonieren, sollten Sie auf andere Medien ausweichen.

Und wenn gar nichts mehr geht? Überlegen Sie vor einer Präsentation, was Sie tun würden, wenn es zu einem Stromausfall käme oder die Festplatte des Laptops funktionsuntüchtig würde. Stellen Sie sich innerlich darauf ein, was passieren könnte. Je nach Schwere des Technikausfalls kommen in Betracht:

- Machen Sie eine Pause und versuchen Sie, den Technikausfall in der Pause zu beheben.
- Ziehen Sie eine Diskussionsrunde vor. Bilanzieren Sie kurz den Zwischenstand, um der Gruppe über die Überraschung hinwegzuhelfen.
- Weichen Sie auf krisensichere Hilfsmittel aus, wie Tafel oder Flipchart. Wenn Sie Ihre Folien im Kopf haben, kommen Sie auch damit weit.
- Wenn der Kern Ihrer Präsentation aus Fotos oder anderen Bildern besteht, die nicht mit einfachen Hilfsmitteln zu reproduzieren sind, brechen Sie die Präsentation ab.

Ihre Teilnehmer sind, von wenigen Ausnahmen abgesehen, nicht daran interessiert, Sie leiden zu sehen. Deshalb werden sie Sie bei der Behebung der Panne unterstützen und die Störung rasch vergessen. Die meisten Teilnehmer sind ebenso froh wie Sie, wenn es schließlich weitergeht. Reiten Sie daher nicht weiter auf einem solchen Zwischenfall herum, sondern fahren Sie einfach fort. Es gilt dasselbe Prinzip wie bei Versprechern: Korrigieren Sie sie nicht, sondern sprechen Sie einfach weiter. Durch Rechtfertigungen oder Entschuldigungen machen Sie eine Panne schlimmer als sie ist.

8.2 Blackout

Vor einer Präsentation darf man etwas nervös sein, denn mittlerer Stress spornt an. Problematisch ist es, wenn Achseln und Hände feucht werden, der Mund trocken wird und die Nerven flattern. Dann erreicht man die Hochstressregion, und das ist kritisch, weil die Denkleistung schlechter wird und im schlimmsten Fall ein Blackout über Sie hereinbricht. Wenn Sie vor der Präsentation einen Blackout erleiden, haben Sie noch Zeit, mit der Atemtechnik Ihren Stresspegel zu senken. Sagen Sie sich mit innerlich vor: „Ich schaffe es! Ich habe schon ganz andere Probleme in meinem Leben gelöst." Sagen Sie das mit Ihren eigenen Worten. Oder erinnern Sie sich: „Dem Ingenör ist nichts zu schwör!"

Besonders gefährlich und besonders typisch ist es, seine Gedanken in Negativschleifen kreisen zu lassen. „Das geht bestimmt schief!" oder „Ich hatte schon den ganzen Tag ein schlechtes Gefühl!" Ignorieren Sie diese Negativgedanken. Stress ist eine stammesgeschichtlich alte Funktion und führt zu folgenden Veränderungen, die jeder Mensch schon einmal erlebt hat:

- Überspannung der Muskulatur im Stimm- und Artikulationsbereich sowie im Atembereich. Bei verkrampfter Atmung arbeitet der Körper nicht effizient. Falsche Atmung fördert das Hyperventilationssyndrom. Es kommt dabei zu Atemproblemen durch zu starkes Einatmen. Unvollständige Atmung führt zu gepresster, resonanzarmer Sprache, die man bei aufgeregten Vortragenden

beobachten kann. Die Überspannung der Muskulatur führt zu schlechtem Stimmklang und einer hohen Stimmlage.
- Funktionsbeeinträchtigung des Denkvermögens und der Wahrnehmung. Man sieht nur noch Negatives, verliert das Konzept aus dem Auge und nimmt Teilnehmerreaktionen nicht mehr wahr. Man registriert auch Hilfsbereitschaft nicht und nimmt vielleicht gerade denjenigen als Gegner wahr, der einen unterstützen will.
- Der Mund wird trocken. Man bekommt den sprichwörtlichen Frosch im Hals und muss die Speichelproduktion wieder anregen, z. B., indem man sich vorstellt, in eine Zitrone zu beißen. Oder man fährt sich bei geschlossenem Mund abwechselnd über das Zahnfleisch des Ober- und Unterkiefers [12]. Idealerweise steht bei Präsentationen ein Glas Wasser für den Vortragenden bereit.

Was tun, wenn eine Blockade mitten in der Präsentation auftritt? Für einen Vortragenden gibt es nichts Schrecklicheres als eine Denkblockade. Bei einem Technikausfall ist er durch die Umstände entschuldigt, bei einem Gehirnausfall trägt er alleine die Schuld. Ein Blackout kann passieren, das ist menschlich und keine Katastrophe. Machen Sie die Teilnehmer nicht noch auf Ihr Problem aufmerksam. In den meisten Fällen bemerken die Teilnehmer kurze Blackouts nicht. Wenn Sie mitten im Satz stecken bleiben, brechen Sie ab und beginnen den Satz von vorne, meist finden Sie den Anschluss wieder. Wiederholen Sie den zuletzt ausgesprochenen Gedanken mit anderen Worten. Ihr Gehirn hat so die Chance, den roten Faden wieder aufzunehmen. Wenden Sie die Atemtechnik an. In vielen Fällen geht es nach einem kurzen Ausrutscher schnell wieder weiter. Wenn der Ausnahmefall eintritt und der Blackout etwas länger dauert, greifen Sie zu einer der folgenden Hilfsmaßnahmen:

- Bilanzieren Sie das bisher Gesagte, beispielsweise mit einem: „Ich möchte das bisher Gesagte kurz zusammenfassen …"
- Machen Sie einfach weiter. Gehen Sie zum nächsten Punkt des Stichwortmanuskripts über oder legen Sie die nächste Folie auf. Die meisten Teilnehmer bemerken einen kleinen Bruch in der Präsentation nicht. Im Normalfall lesen Sie nicht vom Stichwortmanuskript oder den Folien ab, aber in einem solchen Ausnahmefall geht das schon mal. Ihr Gehirn kommt dadurch wieder auf die richtige Bahn, und Sie können weitermachen.
- Wenn Sie gar nicht mehr weiter wissen, stellen Sie eine allgemeine Frage an die Teilnehmer, beispielsweise: „Welche Erfahrungen haben Sie dazu?" oder „Wie sehen Sie das?"
- Bei einem kleineren Teilnehmerkreis (bis zu 20 Teilnehmer) können Sie auch einmal (!) fragen: „Wo waren wir stehen geblieben?" Die Teilnehmer sehen Ihnen das einmal nach, vor allem, wenn Sie durch eine Zwischenfrage den Faden verloren haben.

- Wenn gar nichts mehr geht, unterbrechen Sie Ihre Präsentation. Ziehen Sie die Kaffeepause vor oder simulieren Sie einen Hustenanfall. Wenden Sie in der Pause die Atemtechnik an, siehe Abschnitt 6.4, um Ihren Stresspegel zu senken. Nach der Pause können neu ansetzen.

Es ist falsch, sich für einen kleinen rhetorischen oder geistigen Schwächeanfall wortreich zu entschuldigen. Eine gestammelte Korrektur macht aus einer Mücke einen Elefanten. Viele Teilnehmer entdecken den Fehler erst durch Ihre Entschuldigung. Je nach Publikum ernten Sie Schadenfreude und Spott. „Das gönne ich dem. Mal sehen, was noch passiert." Zudem ermuntern Sie die Teilnehmer durch Entschuldigungen, nach weiteren Fehlern zu suchen. Damit haben Sie die selektive Aufmerksamkeit da, wo sie nicht hingehört, nämlich bei Ihren Schwächen. Für den Notfall tragen Sie einen Spickzettel mit dem Wichtigsten bei sich, der so aussehen könnte, wie **Tabelle 8.1** es zeigt.

Dieser Spickzettel passt zu jeder Präsentation. Wenn Sie ihn lesen, kommen Sie aus Ihren negativen Gedanken heraus. Diese Ratschläge umzusetzen, reicht meist aus, um einen Blackout zu überwinden.

innen	außen	Handeln
ruhig atmen	aufrecht stehen	nicht rechtfertigen
positiv denken	lächeln	frei sprechen
„Das Leben ist schön."	in die Runde blicken	weiter im Programm

Tabelle 8.1 Spickzettel für den Notfall

8.3 Zwischenfragen

Mit Zwischenfragen sollten Sie bei Präsentationen immer rechnen. Engagierte, temperamentvolle und ungeduldige Teilnehmer stellen besonders viele Zwischenfragen. Sie sind überwiegend positiv gemeint, vermuten Sie hinter Zwischenfragen nicht gleich eine Aggression. Dennoch kann selbst eine wohlmeinende Zwischenfrage einen Vortragenden aus dem Konzept bringen, wenn sie in einem ungünstigen Moment gestellt wird. Reagieren Sie nicht aggressiv, sonst provozieren Sie eine Gegenaggression. Gehen Sie bis zum eindeutigen Beweis des Gegenteils davon aus, dass eine Zwischenfrage positiv gemeint ist. Klären Sie zu Beginn Ihrer Präsentation, spätestens bei der ersten Zwischenfrage, wie Sie mit Fragen umgehen werden. Sie können darum bitten, dass die Fragen am Schluss gestellt werden. Besser ist es, auf kurz beantwortbare Fragen sofort zu antworten und den Fragenden nur im Ausnahmefall auf später zu vertrösten.

8.3 Zwischenfragen

Wie reagiert man auf Zwischenfragen? Lassen Sie den Fragenden ausreden, auch wenn Sie schon zu wissen glauben, worauf er hinaus will. Sehen Sie ihn an und behalten Sie Ihre Körpersprache bei. Trippeln Sie nicht nervös hin und her. Halten Sie die Hände vor dem Oberkörper. Wenn die Frage gestellt ist, antworten Sie unmittelbar, vor allem wenn es eine Verständnisfrage ist oder sich die Frage rasch beantworten lässt. Führt die Zwischenfrage zu sehr vom Thema weg oder beansprucht die Beantwortung zu viel Zeit, vertrösten Sie den Fragenden, z. B. mit den Worten: „Bitte gedulden Sie sich etwas, ich gehe nachher auf Ihre Frage ein." Sie müssen dieses Versprechen halten. Am besten notieren Sie sich ein Stichwort auf einer vorbereiteten Karte, die Sie am Ende der Präsentation durchsehen. So vergessen Sie keine Frage, und Sie demonstrieren, dass Sie die Zuhörer ernstnehmen. Unterbinden Sie Zwischenfragen nicht mit Formulierungen wie „Das gehört nicht hierher!" Sie schwächen damit das Interesse Ihrer Teilnehmer und schaden Ihrem fachlichen und persönlichen Ansehen. Auch jemand, der eine unpassende Frage stellt, will als Mensch ernstgenommen werden. Vergessen Sie dabei die anderen Teilnehmer nicht. Blicken Sie am Anfang Ihrer Antwort den Fragenden an und wenden Sie sich dann den anderen Teilnehmern zu, denn Sie wollen nicht nur den Fragesteller für sich gewinnen.

Man kann einige Grundtechniken zum Umgang mit Zwischenrufen und Einwänden trainieren, die fast immer weiterhelfen. In Anlehnung an [28] empfehlen wir folgende Techniken:

- Stellen Sie Rückfragen. Damit finden Sie heraus, was hinter dem Einwand tatsächlich steckt. Fragen Sie nach Details oder dem Warum. So lernen Sie die Sichtweise des Teilnehmers kennen und können Ihre Strategie daran orientieren. Beispiel:
  - Einwand: Das ist mir alles zu kompliziert!
  - Rückfrage: Welcher Punkt ist zu kompliziert?

- Relativieren Sie. Stellen Sie einen Einwand in einen größeren Zusammenhang oder schildern Sie die Vorteile Ihres Vorschlags. Beispiel:
  - Einwand: Das kostet zu viel Zeit!
  - Relativierung: Ja, das kostet Zeit. Der Vorteil, dass ..., wiegt das wieder auf.

- Machen Sie die Konsequenzen deutlich. Beispiel:
  - Einwand: Ich vertrete die Position A.
  - Konsequenzen: Angenommen, ich würde Ihnen zustimmen, was würde dann passieren? Wir müssten damit rechnen, dass ...

- Schlagen Sie inhaltlich zurück. Ideal ist es, wenn Sie vermitteln, dass Sie den Einwand verstehen, weil Sie ihn zunächst selbst hatten, ihn jedoch zerstreuen konnten. Beispiel:
  - Einwand: Das geht nicht.
  - Antwort: Genau, weil wir das zuerst auch gedacht haben, haben wir diese Veranstaltung ins Leben gerufen.
- Drehen Sie den Spieß um, indem Sie einen Einwand als Frage auffassen und die Frage beantworten. Sie sollten diese Technik allerdings nicht übertreiben, sonst wirken Sie manipulativ. Beispiel:
  - Einwand: Dafür habe ich keine Zeit.
  - Umdrehen: Sie fragen sich, ob es lohnt, so viel Zeit zu investieren. Es lohnt sich aus folgenden Gründen ...
- Sagen Sie nicht: Es tut mir leid, ich weiß keine Antwort auf Ihre Frage. Sondern formulieren Sie: Ich weiß es im Moment nicht, aber ich werde es herausfinden und später darauf zurückkommen.

Leiten Sie Ihre Antwort nicht mit Floskeln ein wie: „Zu dieser wichtigen Frage möchte ich anmerken", das ermüdet. Wenn Ihnen eine Zwischenfrage gestellt wird, dann antworten Sie direkt.

8.4 Schwierige Teilnehmer

Manche Teilnehmer sind aufgeschlossen und konstruktiv, halten Blickkontakt, wirken entspannt, aufmerksam und zufrieden, andere sind zumindest neutral und abwartend. Gehen Sie daher bei einer Präsentation nicht von vornherein vom Schlimmsten aus. Wenn Teilnehmer unruhig, schläfrig oder unaufmerksam werden, prüfen Sie, bevor Sie jemanden vorschnell als Problemteilnehmer abstempeln [28]:

- Trage ich gerne hier vor?
- Ist die Information für die Teilnehmer interessant?
- Sind meine Sätze klar und verständlich?
- Moduliere ich in ausreichendem Maß?
- Habe ich meine Wertschätzung ausgedrückt?
- Habe ich einen Spannungsbogen aufgebaut?

Jedes „Nein" bedeutet Arbeit für Sie. Erst wenn Sie jede Frage positiv beantworten können, handelt es sich tatsächlich um schwierige Teilnehmer. Trotz aller nun folgenden Hinweise wird es anstrengend bleiben, sich bei solchen Teilneh-

8.4 Schwierige Teilnehmer

mern zu disziplinieren. Das ist verständlich; denn niemand plagt sich gerne mit schwierigen oder unsympathischen Menschen ab. Leider können Sie sich in einer Präsentation die Teilnehmer nicht aussuchen. Wenn es einmal gar nicht anders geht und Sie kontern müssen, dann tun Sie es ohne Zorn und nur dann, wenn Ihr wiederholtes Kooperationsangebot ignoriert wurde. Für Ihre Reaktionen auf schwierige Teilnehmer gilt:

- Lassen Sie sich die emotionale Stimmung, die Lautstärke oder den Grad der Unfairness nicht vom Angreifer diktieren. Sie entscheiden, wann und wie Sie zurückschlagen.
- Lassen Sie den Problemteilnehmer ausreden, auch wenn es noch so schwerfällt. Setzen Sie sich nicht dadurch ins Unrecht, dass Sie unterbrechen. Analysieren Sie in dieser Zeit mögliche Angriffsursachen.
- Rechtfertigen Sie sich in keinem Fall. Hüten Sie sich davor, langatmige Erklärungen abzugeben, diese werden meist zu Rechtfertigungen.
- Antworten Sie kurz, klar und präzise, alles andere schwächt Ihre Position.

Auch wenn Sie diese Regeln beachten, müssen Sie in jeder Situation individuell entscheiden, welches Vorgehen Sie wählen, um einen schwierigen Teilnehmer zu stoppen. Folgende Methoden stehen zur Verfügung:

- Rückfragenmethode: Ein Einwand wird als Frage zurückgegeben, um weitere Informationen zu erhalten. Beispiele:
    - Was genau meinen Sie damit?
    - Aus welchen Gründen fragen Sie mich das?
    - Was verstehen Sie in diesem Zusammenhang unter ...?
    - Können Sie mir Ihre Quellen nennen?

- Ja-aber-Methode: Das ist die Standardmethode, um Einwänden zu begegnen. Lassen Sie trotz der Bezeichnung die Finger von dem Wort „aber". Es stellt für viele Menschen ein Reizwort dar. Ersetzen Sie es durch ein „und". Beispiel:
    - Im Grundsatz kann ich Ihnen zustimmen. Und dabei muss man natürlich bedenken, dass ... (jetzt kommt Ihre Meinung).

- Nachteil-Vorteil-Methode: Geben Sie bei gerechtfertigten Einwänden Nachteile zu, Sie machen sich sonst unnötig angreifbar. Stellen Sie jedoch besonders die Vorteile heraus. Beispiele:
    - In diesem Detail haben Sie Recht. Auf der anderen Seite sprechen folgende Punkte für ...
    - Ja, das stimmt. Das ist bei den Alternativen B, C und D allerdings genauso. Gegenüber B, C und D hat Alternative A den Vorteil, ...

- Vorwegnahmemethode: Bei vorhersehbaren und zu erwartenden Einwänden nehmen Sie diese selbst vorweg. Beispiel:
  - Dagegen könnte man einwenden ...
  - Dem steht jedoch entgegen, dass ...
  - Möglicherweise haben Sie hiergegen Bedenken ...

Soweit zu den generellen Reaktionsmöglichkeiten. Darüber hinaus stellen wir im Folgenden die häufigsten Störertypen vor und empfehlen wirksame Gegenstrategien zu jedem einzelnen Typ. Wie jede Typenbildung sind auch die folgenden kritisierbar, weil man auch andere Typen hätte bilden können. Die folgenden Ausführungen dienen der Illustration der häufigsten Problemteilnehmer, nicht deren vollständigen Beschreibung.

8.4.1 Geltungssüchtige

Üblicherweise nehmen Sie Zwischenfragen ernst und beantworten sie. Ganz anders verhält es sich bei gezielt bösartigen Zwischenrufen. Zwischenrufer können geltungssüchtig sein und absichtlich stören. Für einen solchen Platzhirsch und dessen Geltungssucht sind Sie und Ihre Präsentation der Rahmen, in dem er sich und seine Bedeutung ins rechte Licht rücken möchte – ins Rampenlicht. Geben Sie ihm diese Gelegenheit, steht er auf Ihrer Seite. Befriedigen Sie seine Geltungssucht nicht, ist er Ihr Gegner. Geltungssüchtige werden Sie sofort fallen lassen, wenn ihnen das nützt [79]. Sie halten sich an keine Spielregel, die eigene Meinung für die einzig richtige und wollen sich um jeden Preis profilieren, entweder auf Kosten der anderen Teilnehmer oder auf Kosten des Vortragenden. Sie haben die Wahl zwischen folgenden Reaktionen auf geltungssüchtige Zwischenrufer:

- Zwischenruf überhören. Das ist gut, wenn ein entschiedener Gegner versucht, Sie aus dem Gleichgewicht zu bringen, der Zwischenruf erkennbar negativ gemeint war und sich nicht wiederholt. Im Wiederholungsfall sollten Sie einschreiten.

- Zwischenruf sofort geistreich erwidern. Entgegen den Versprechungen mancher Rhetorikbücher halten wir es nur in Grenzen für möglich, Schlagfertigkeit zu trainieren. Diese Reaktion ist nicht Ihr Mittel, wenn Sie nicht ein schlagfertiges Naturtalent sind. Aber Sie können sich für den Notfall einige schlagfertige Allzweckwendungen zurechtlegen.

- Auf den Zwischenruf eingehen. Das bietet sich bei Fachreferaten und Fachpräsentationen an. Dies ist auch empfehlenswert, wenn der Zwischenrufer keine polemischen Absichten verfolgt oder letztlich Ihre Grundüberlegung stützt.

- Lassen Sie den Zwischenrufer seine Aussage wiederholen. Meist schwächt er seine Aussage ab, das Interesse der anderen Teilnehmer lässt durch eine Wiederholung nach, und Sie gewinnen Zeit, sich eine Antwort zu überlegen.
- Bitten Sie die anderen Teilnehmer um Stellungnahmen, beispielsweise so: Gibt es dazu weitere Meinungen?

Als Notfallausrüstung bieten wir noch einige Allzweckwendungen (nach [52]), die Ihnen im Notfall weiterhelfen:

- Tolerante Wendungen
  - Einen Moment Geduld bitte, gleich sind Sie an der Reihe.
  - Ich komme gleich auf Ihren Einwand zurück.
  - Bitte Geduld – ich werde mich gleich dazu äußern.
- Mittelscharfe Reaktionen
  - Bitte stören Sie nicht durch Zwischenrufe. Sie können sich gleich äußern.
  - Ich möchte ungern öffentlich Privatdialoge führen, das können wir gleich in der Pause besprechen.
  - Dieses Problem ist wesentlich vielschichtiger, als Sie es sehen.
  - Sie verwechseln Ursache und Wirkung.
- Scharfe Reaktionen sollten Sie herunterschlucken. Letztlich eskaliert der Konflikt damit in der Regel und alle Beteiligten können beschädigt werden.

Bleiben Sie möglichst lange fair. Schaffen Sie sich keine unnötigen Gegner und verwandeln Sie Gegner nicht in Feinde. Sagen Sie nicht: „Der Einwand von Herrn Neumeister ist dermaßen schlecht, dass man damit überhaupt nichts anfangen kann." Auch wenn es schwer fällt, sollten Sie lieber sagen: „Herr Neumeister hat einen anderen Vorschlag. Ich stimme dem Vorschlag nicht zu, weil er wesentliche Zielkriterien nicht erfüllt." Beziehen Sie negative Äußerungen nicht auf Ihre Person. Denken Sie nicht: „Der mag mich nicht. Dem werde ich es schon zeigen." Denken Sie stattdessen: „Herr Neumeister greift jeden an. Er kann nicht anders. Ich setze meine Ziele durch, ohne persönlich zurückzuschlagen."

8.4.2 Aggressive

Wenn jemand seine Position um jeden Preis durchboxt und unfaire polemische und aggressive Mittel einsetzt, müssen Sie Gegenposition beziehen. Sie sollten jedoch nicht sofort beim ersten Angriff kontern, sondern nur, wenn deutlich erkennbar ist, dass Ihre Kooperationsangebote missbraucht und für den nächsten Angriff instrumentalisiert werden. Eventuell ist ein Teilnehmer ärgerlich, ohne dass ein Zusammenhang mit Ihrer Präsentation besteht, und nach einem ersten Brüller beruhigt er sich wieder. Geben Sie ihm mindestens eine Chance. Lassen Sie sich nicht den Grad an Unfairness, Lautstärke und die emotionale Stimmung von Ihrem Gegenüber aufzwingen. Wenn Sie auch bei Aggressionen Ihre verbindliche Art beibehalten, wirkt das souverän.

Sie sollten die gängigsten aggressiven Diskussionstechniken kennen, um wirkungsvoll reagieren zu können. Die folgende Aufzählung orientiert sich an [52, 72, 80, 81]:

- Bandwagon-Technik: Der Aggressive stellt die eigene Meinung als Leitansicht dar. Die Wirkung beruht darauf, dass er Sie in die Außenseiterposition drängt, sofern Sie sich der Leitansicht nicht anschließen. Sie sollen auf den „Musikwagen" (engl. bandwagon) springen, auf dem die „Prominenz" bereits Platz genommen hat. Tun Sie das nicht, werden Sie zum Außenseiter gestempelt. Beispiel:
  – Jeder vernünftige Mitarbeiter ist der Ansicht ...
  – Abwehr: Nicht ins Bockshorn jagen lassen. Entlarven Sie das unfaire Vorgehen. Wer genau ist welcher Ansicht? Wie kommen Sie auf die Idee, dass man mit einer anderen Meinung unvernünftig ist?

- Erbsenzählertechnik: Sie werden als „kleinkarierter Erbsenzähler" dargestellt, weil Sie Ihre Meinung mit Fakten und mit statistischem Material belegen. Beispiel:
  – Man muss doch auch an die Gesamttendenz denken, nicht nur an die Details.
  – Abwehr: In der Gesamttendenz sind wir uns einig, nur steckt der Teufel hier im Detail. Deshalb ...

- Schludereitechnik: Sie ist das Gegenteil der Erbsenzählertechnik. Sie werden mit dem Hinweis angegriffen, dass Sie Einzelheiten nicht ausreichend bedacht haben. Beispiel:
  – Sie müssen auch bedenken, dass der Teufel bekanntlich im Detail steckt.
  – Abwehr: Ja, die Details sind auch wichtig. Zuerst möchte ich aber die Kernideen herausarbeiten.

- Bumerangtechnik: Eines Ihrer Argumente wird zurückgespielt und gleichzeitig infrage gestellt. Beispiel:
  – Sind Sie wirklich überzeugt, dass ...
  – Abwehr: Wenn Sie sich mit Ihren eigenen Meinungen bis zur Entscheidungsphase zurückgehalten haben, kann Ihnen das nicht passieren. Wenn es Ihnen dennoch passiert, kurz antworten: „Ja!"

- Olle-Kamellen-Technik: Eine weit zurückliegende Absicht, ein Fehlverhalten oder eine Schwäche von Ihnen werden herangezogen, um Ihre aktuelle Position zu schwächen. Beispiel:
  - Mit Ihrer letzten Idee sind Sie auch baden gegangen.
  - Abwehr: Tatsächlich begangene Fehler werden ohne Umschweife und ohne Relativierung eingeräumt. Die Verteidigung von Fehlern ist sinnlos und verschlingt zu viel Energie. Reagieren Sie souverän: „Ja, diese eine Idee hat sich nicht durchgesetzt. Daraus habe ich gelernt und die Konsequenzen gezogen."

- Fachchinesischtechnik: Durch häufiges Verwenden von Fremdwörtern soll ein hohes Fachniveau suggeriert werden. Beispiel:
  - Dieses Chart zeigt die reziprok proportionale Entwicklung der Produktlinie SIA-B 302 ...
  - Abwehr: Verlangen Sie eine Übersetzung. Bitte formulieren Sie das verständlicher.

- Wissenschaftstechnik: Bezüge und Zitate werden frei erfunden. Beispiel:
  - Wissenschaftliche Untersuchungen haben gezeigt ...
  - Abwehr: Nach Quellen fragen. Von welcher Untersuchung sprechen Sie? Wie sah das Design der Untersuchung aus? Haben Sie den Artikel dabei?

- Es-kommt-darauf-an-Technik: Ihre Argumente werden mit der Totschlagphrase „Es kommt darauf an" relativiert. Beispiel:
  - Jeder Fall ist anders.
  - Abwehr: Entlarven Sie die Technik. Jeder Fall ist verschieden, das ist wahr und selbstverständlich. Was wollen Sie inhaltlich damit sagen?

- Verallgemeinerungstechnik: Anhand eines Einzelbeispiels wird hemmungslos verallgemeinert. Beispiel:
  - Alle Beamten sind faul. Ich kannte mal einen, der hat in jeder Mittagspause geschlafen.
  - Abwehr: Einzelbeispiele als solche kennzeichnen und die Fähigkeit des anderen bezweifeln, abstrakten Argumenten folgen zu können. Weil ein Beamter in der Mittagspause geschlafen hat, sind also alle Beamten faul?

- Übertreibungstechnik: Eine Position wird so stark überzeichnet, dass sie unvernünftig, absurd oder gefährlich wirkt. Beispiel:
  - Damit landen wir doch im Chaos ...
  - Abwehr: Übertreibungen bloßstellen, Fakten verlangen. „In welcher Hinsicht landen wir im Chaos?" Oder zeigen Sie sich erfreut über die

blühende Phantasie der Teilnehmer und legen Sie noch mal Ihre differenzierte Sicht dar.

- Unterstellungstechnik: Wider besseres Wissen werden Ihnen Verhaltensweisen oder Absichten unterstellt, die nicht zutreffen. Beispiel:
  - Ihre heimlichen Ziele liegen in der Zerstörung der Abteilung Einkauf.
  - Abwehr: Fragen Sie direkt zurück: Warum unterstellen Sie mir das?

- Störfeuertechnik: Sie werden gezielt gestört, indem Sie durch Einwürfe, Fragen oder Monologe unterbrochen werden. Beispiel:
  - Was für eine putzige Sichtweise.
  - Abwehr: Fordern Sie den Gegenüber auf, die Unterbrechungen zu unterlassen: Bitte hören Sie sich die Präsentation zuerst einmal an. Sie haben anschließend ausreichend Gelegenheit, sich zur Sache zu äußern.

- Dialektiktechnik: Dialektik ist das Infragestellen der Ausgangsposition durch gegensätzliche Behauptungen. Hier ist der Einsatz der Dialektik als unfaires Mittel gemeint. Beispiel:
  - Zwei Wanderer bitten einen Wirt, ein Bad nehmen zu dürfen. Der eine Wanderer ist sauber, der andere staubbedeckt. Das Wasser ist knapp und reicht nur für ein Bad. Daher überlegt der Wirt: Der Saubere erhält das Bad, denn er hat Sinn für das Baden, der Schmutzige nicht. Andererseits: Der Schmutzige soll baden, da er das Bad nötig hat – und nicht der Saubere. Der Wirt entscheidet dialektisch: Keiner der beiden Wanderer darf baden. Der Saubere braucht es nicht, und der Schmutzige wüsste es nicht zu schätzen. Und so setzt sich der Wirt selbst in das Bad.
  - Abwehr: Zuerst muss man die unfaire Dialektik erkennen, das ist meist schwerer als in diesem bewusst einfachen Beispiel. Dann muss man den inneren Widerspruch offenlegen und die Scheinalternativen entlarven. Wenn das nicht gelingt, muss man das Ziel infrage stellen, hier: Warum will ausgerechnet der Wirt baden?

- Beleidigungstechnik: Sie werden persönlich angegriffen oder abgewertet. Beispiel:
  - Bei Ihrem geistigen Niveau ist Hopfen und Malz verloren. Oder: Die Farbe Ihres Jacketts entspricht genau Ihrer Haltung: grau in grau.
  - Abwehr: Ruhig atmen. Nicht mit den gleichen Mitteln zurückschlagen. Entlarven Sie das unfaire Vorgehen. Fordern Sie auf: Sprechen Sie zur Sache! Lassen Sie Verunglimpfungen durch die Gruppe bewerten, der Aggressive wird dann von der Gruppe selbst in die Schranken gewiesen.

- Killerphrasentechnik: Eine Phrase ist eine abgegriffene, nichtssagende Behauptung oder Redensart. Sie mutiert zur Killerphrase, wenn sie dem Zweck dient, ein Sachargument zu untergraben. Beispiel:
  - Wir haben keine Zeit für solche Spielchen. Halten wir lieber am Bewährten fest. Oder: Das ist mal wieder typisch Elfenbeinturm. Klingt unheimlich toll, ist aber in der Praxis nicht zu gebrauchen.
  - Abwehr: Entlarven Sie die Killerphrase. Ihre letzte Äußerung hatte keinen Sachkern.
  - Nehmen Sie bitte zu den Argumenten Stellung.

Killerphrasen zielen nicht auf die Inhalte, sondern auf die Person des Präsentierenden. Wenn Sie eine Killerphrase hören, müssen bei Ihnen die Alarmglocken schrillen. Versuchen Sie, den Grund für die Aggression herauszufinden. Wenn er sich beheben lässt, schaffen Sie Abhilfe. Wenn der Aggressive Sie gezielt persönlich angreift, schlagen Sie zurück. Wenn Sie Killerphrasen nicht Einhalt gebieten, werden die Angriffe Zug um Zug schärfer werden. Nehmen Sie Killerphrasen als Frühwarnung ernst und machen Sie deutlich, dass Sie ein ernstzunehmender Gegner sind.

8.4.3 Schwätzer

Ein Schwätzer redet disziplinlos dazwischen. Selbst wenn sich ein anderer Teilnehmer früher zu Wort gemeldet hat, ergreift er das lautstark das Wort. Einem Schwätzer müssen Sie eine Grenze aufzeigen, sonst haben Sie während der gesamten Präsentation Ärger. Die disziplinierten Teilnehmer erwarten von Ihnen als Präsentierendem, dass Sie die allgemeinen Höflichkeitsregeln durchsetzen. Ein Schwätzer hört schlecht zu und ist meist unaufmerksam, es sei denn, er redet gerade selbst. Er weiß alles besser, spricht mit seinem Nachbarn, hat immer das letzte Wort – wenn Sie es ihm lassen.

Bitten Sie ihn in einer Pause unter vier Augen, sich zurückzunehmen. Wenn das nicht hilft, unterbrechen Sie ihn und weisen Sie auf die Wortreihenfolge hin. Teilen Sie ihm mit, wann er an der Reihe ist.

Ein Schwätzer geht nicht nur Ihnen, sondern auch den anderen Teilnehmern auf die Nerven. Sie müssen daher nur selten in der großen Runde eingreifen. Meist weisen andere Teilnehmer ihn in seine Schranken, wenn Sie diese ermutigen. Gehen Sie dabei aber dezent vor, denn der Schwätzer darf nicht den Eindruck gewinnen, Sie würden ihn „zum Abschuss freigeben"; ansonsten haben Sie einen Feind auf Lebenszeit.

8.4.4 Nörgler

Ein Nörgler schimpft über die Hitze, wenn die Sonne scheint. Wenn es bewölkt ist, vermisst er wehklagend die Sonne. Nichts und niemand kann es ihm recht machen. Lassen Sie sich nicht auf Diskussionen mit Nörglern ein, es geht ihnen nicht um die gerade kritisierte Sache, sondern ums Nörgeln. Wenn Sie gerade glauben, ihm seinen Nörgelgrund ausgeredet zu haben, zaubert er etwas Neues hervor. Nörgler erkennen Sie daran, dass sie immer etwas auszusetzen haben, selten lachen – es sei denn aus Schadenfreude. Oft steckt hinter dem Nörgeln eine negative Lebenseinstellung, die Sie nicht durch ein paar salbungsvolle Worte ändern können. Daher ignorieren Sie die Einwände eines Nörglers.

Wenn das nicht reicht, hilft eventuell eine paradoxe Intervention. Paradoxe Interventionen sind hilfreich, wenn eine Kommunikation völlig eingefahren ist, ein Teilnehmer penetrant und in einem fort nörgelt. Weitverbreitet und falsch ist es, einem Nörgler argumentativ zu begegnen, das verstärkt nur sein Verhalten. So wird beispielsweise auch ein Jammerer umso mehr jammern, je mehr er getröstet wird. Schließlich ist Trost Balsam auf die Wunden des Jammernden. Diesen Sekundärgewinn gilt es auszuschalten. Statt das zu tun, was der Gesprächspartner erwartet, ihn nämlich umso mehr zu trösten, je mehr er jammert, macht man das Gegenteil. Man bestärkt den anderen übertrieben in seinem Jammern. Damit stellt man den sekundären Gewinn ab, und der andere rutscht in die „So-schlimm-ist-es-ja-nun-auch-wieder-nicht-Richtung" [73]. Damit hat der Jammernde sein Kommunikationsmuster verlassen.

Auf den Nörgler übertragen heißt das, man verstärkt das Genörgel und nörgelt noch stärker als der Nörgler selbst. Paradoxe Interventionen sind das letzte Mittel; wenn man allerdings Pech hat, durchschaut der Nörgler die Taktik und wird aggressiv. In der Regel wird es selbst dem schlimmsten Nörgler zu viel, und ihm wird Ihr Genörgel unangenehm. Dann haben Sie es geschafft: Er verlässt sein eingefahrenes Kommunikationsmuster. Leider sind paradoxe Interventionen nicht zum Einsatz in der Gruppe geeignet. Sie müssen sich den Nörgler also unter vier Augen vorknöpfen.

8.4.5 Teilnahmslose

Teilnahmslose interessiert sich weder für Sie noch für Ihr Thema. Solche Teilnehmer sind aus Gründen gekommen, die nichts mit dem Präsentationsthema zu tun haben. Vielleicht wollte sich ein solcher Teilnehmer einfach nur mal wieder sehen lassen, vielleicht wollte er die Gelegenheit nutzen, um gestärkt durch Kaffee und Gebäck in Ruhe seinem letzten Abenteuerurlaub nachzuträumen. Jedenfalls ist er nur körperlich anwesend, seine Gedanken wandern zu anderen Dingen. Der Teilnahmslose macht einen unaufmerksamen Eindruck, er döst oder schläft, er wendet sich Ihnen nur selten zu. Versuchen Sie, ihn durch intensiven

Blickkontakt einzubinden. Wenn er gar nicht reagiert oder für die Zielerreichung unwichtig ist, lassen Sie ihn einfach in Ruhe. Wenn die Zahl der Teilnahmslosen die 10 %-Marke nicht durchbricht, bleiben Sie im Fahrplan Ihrer Präsentation, es sei denn, einer der Teilnahmslosen ist ein wichtiger Entscheidungsträger. Wenn viele Teilnehmer einen unaufmerksamen Eindruck machen, müssen Sie handeln. Sie muntern sie auf, wenn Sie Fragen zu deren Erfahrungen und Erlebnissen stellen. Auch durch Körpersprache können Sie aktivieren. Gehen Sie auf Ihre Zuhörer zu, rücken Sie ihnen näher auf den Leib, als es der Idealdistanz entspricht. Sie können noch weitergehen und verbal provozieren. Provokationen sind riskant, aber damit werden Sie fast jeden Teilnehmer wachrütteln. Sie müssen auf dem schmalen Grat zwischen Teilnehmeraktivierung und Teilnehmerverärgerung balancieren.

Was tun, wenn jemand schläft? Stellen Sie fest, ob es am Teilnehmer liegt oder an Ihnen. Wenn nur ein Teilnehmer schläft und die anderen Ihnen signalisieren, bei dem Kollegen sei es gestern sehr spät geworden, können Sie einfach weitermachen. Manchmal hilft eine kurz Pause oder eine Frage an den Schlafenden, die diesen aber nicht blamieren darf. Wenn mehr als ein Teilnehmer schläft oder mit dem Schlaf ringt, müssen Sie Inhalt und Stil Ihrer Präsentation kritisch prüfen, aber erst nach Abschluss der Präsentation. Wenn die Teilnehmer nicht aufzurütteln sind, legen Sie eine Lüftungspause ein und beginnen Sie nach der Pause mit einem neuen Aspekt.

8.5 Konflikte zwischen Teilnehmern

Das Wort Konflikt stammt aus dem Lateinischen (confligere) und heißt zusammenstoßen, streiten, kämpfen. Ursachen für Konflikte sind sachliche Differenzen oder persönliche Aversionen. Ein Sachkonflikt kann durchaus nützlich sein. Eine Präsentation soll ja gerade zur inhaltlichen Auseinandersetzung mit einem Thema anregen. Die inhaltliche Auseinandersetzung bringt Klärung und erleichtert Ihnen im Allgemeinen die Arbeit. Einem Sachkonflikt lässt man daher am besten seinen Lauf. Schwieriger sind Konflikte, die auf persönlichen Aversionen basieren, beispielsweise auf Wertkonflikten, offenen Rechnungen aus der Vergangenheit oder auf einer Konkurrenzsituation. Da persönliche Konflikte meist nicht offen ausgetragen werden, sondern auf einer scheinbar sachlichen Ebene, können sie Ihre Präsentationsziele gefährden. Der Beziehungskampf wird auf dem Schlachtfeld der Sachlichkeit ausgetragen. Wenn ein Teilnehmer Ihren Vorschlag angreift, nur weil sein Intimfeind ihn befürwortet, verhärten sich die Fronten, und Sie scheitern mit Ihren Vorschlägen, auch wenn Sie keine Schuld an der Eskalation tragen. Was kann man in einem solchen Fall tun? Sie müssen die Sachfrage aus dem Konfliktfeld der Streithähne nehmen. Dazu müssen Sie erst die Möglichkeit geben, Dampf abzulassen, und dann ein anderes Thema ins Spiel bringen. Später können Sie wieder auf das eigentliche Thema zurückkommen. Dampf kann man gut durch ein „Blitzlicht" ablassen. Dazu stellen Sie die Streitfrage klar heraus, ohne persönlich Stellung zu beziehen, und fragen die Teilnehmer nach deren persönlichen Meinung. Jeder kommt kurz zu Wort, die zurückhaltenden Teilnehmer müssen Sie ein wenig ermuntern. Dadurch gewinnen Sie eine realistische Einschätzung über die Kräfteverteilung innerhalb der Gruppe, und vor allem gewinnen Sie Zeit, in der sich die Streithähne etwas abkühlen können. Meist wird sich an das Blitzlicht eine Diskussion anschließen, die Sie so lange laufen lassen sollten, bis die Argumente sich zu wiederholen beginnen. Fassen Sie dann das Zwischenergebnis zusammen und gehen Sie zu einem anderen Thema über. Nehmen Sie nicht die Schiedsrichterrolle ein; denn in der Regel werden sich die Streithähne dann plötzlich einig – gegen Sie.

Wenn Sie vor Ihrer Präsentation wissen, dass potenzielle Streithähne unter den Teilnehmern sind, können Sie durch die Sitzordnung das Konfliktpotenzial reduzieren. Setzen Sie die Streithähne so, dass sie nur schwer in persönliche Konfrontationsstellung gehen können. Das heißt, die Streithähne sollten keinesfalls einander gegenüber oder nebeneinander sitzen. Auch sollten sie keinen Blickkontakt haben und sich nicht ansehen müssen. Bild 8.1 zeigt die ideale Position für Streithähne anhand der ovalen und der U-Sitzordnung.

runde, (besser) ovale Sitzordnung

U-Sitzordnung

neutrale Teilnehmer
Streithähne

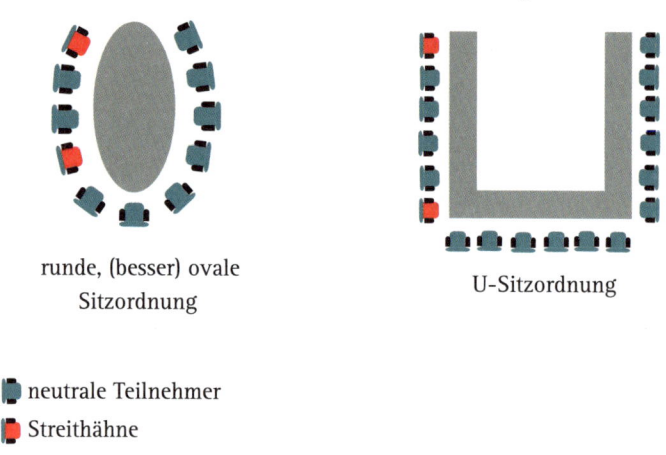

Bild 8.1 Sitzordnung zur Trennung von Streithähnen

Es ist nicht Ihre Aufgabe, Konflikte zu lösen. Sie müssen sich als Vortragender darauf beschränken, die störende Wirkung von Konflikten auf Ihre Ziele auszuschalten. Damit haben Sie genug zu tun. Wenn Sie versuchen, Konflikte zu lösen, verstricken Sie sich im Streit und verlieren die Präsentationsziele aus den Augen. Nehmen Sie zu den Äußerungen keine Stellung, lassen Sie sich nicht in die

Auseinandersetzung hineinziehen, ergreifen Sie nicht Partei. Wenn es nötig ist, lassen Sie andere Teilnehmer zum Streit Stellung nehmen.

Selbst bei mustergültigem Vorgehen gibt es Konflikte, gegen deren Störwirkung der Präsentierende nichts ausrichten kann. Wenn sich die Streithähne schon früher öffentlich beleidigt haben, eingeschnappt oder emotional erregt zur Präsentation erscheinen, kann es angebracht sein, gleich zu Anfang eine Besinnungspause einzulegen oder die Präsentation zu vertagen.

8.6 Präsentation ohne Vorbereitungszeit

Eine Präsentation ohne Vorbereitungszeit ist eine Stegreifrede. Wenn Sie eine Stegreifrede halten, müssen Sie rasch und zügig das Wort ergreifen. Sie haben keine Gelegenheit, sich vorzubereiten oder Visualisierungen einzusetzen. Die Ansprüche der Teilnehmer sind geringer als bei einer lange vorbereiteten Präsentation. Niemand erwartet, dass Sie Folien oder vorbereitete Flipcharts einsetzen – dies ist wegen des Zeitdrucks unmöglich.

Das Erfolgsgeheimnis von Stegreifreden ist ein sicheres Auftreten. Viele Menschen verhalten sich unsicher, weil Sie sich mental nicht schnell genug auf die neue Situation einstellen. Allein durch sicheres Auftreten heben Sie sich positiv von anderen Stegreifrednern ab. Sie treten sicher auf, wenn Sie einen stabilen Rahmen für Ihre Stegreifrede haben, der eine Struktur für die Rede vorgibt. In diesen Rahmen passen Sie die Besonderheiten der Situation ein. Vorschläge für solche Rahmen gibt es viele. Wir stellen zwei besonders praktikable Strukturen vor, die TUBA-Formel und die Vier-Schritt-Erklärung.

In [12] wird die die **TUBA-Formel** empfohlen:

- Thema: Warum sind wir heute zusammengekommen?
- Um was geht es? Schmücken Sie den Anlass aus und schildern Sie die Hintergründe.
- Beispiel: Erzählen Sie eine kleine Anekdote, wie hat beispielsweise alles angefangen?
- Abschluss: Fordern Sie die Teilnehmer auf, aktiv zu werden, z. B. ihr Glas zu heben.

Mit der TUBA-Formel vor Ihrem geistigen Auge kann Ihnen nichts passieren. Sie wissen, wie Sie 5 min elegant mit Worten füllen. Durch die vorgegebene Struktur wird Ihr Stegreifbeitrag einen roten Faden haben. Das wirkt souverän.

Möglicherweise sitzen Sie gemütlich in einer Präsentation, knabbern an einem Keks und hören freundlich zu, was Ihr Kollege präsentiert. Plötzlich nähert sich die Diskussion Ihrem Spezialgebiet, und die Teilnehmer sowie der Präsentierende sehen Sie ganz erwartungsvoll an, weil Sie zur Begriffsklärung beitragen sollen oder weil sie ein kurzes Expertenurteil von Ihnen hören möchten. In einem solchen Fall empfehlen wir die Vier-Schritt-Erklärung:

- Motivation: Warum ist das zu Erklärende wichtig? Nicht zu lange, die anderen sind ja schon gespannt.
- Deduktion: Zu welchem den Teilnehmern bereits bekanntem, übergeordnetem Thema gehört der zu erklärende Aspekt?
- Definition: Eigentliche Beschreibung oder Erklärung, z. B. durch eine klassische Definition, die Erläuterung einer Begriffsherkunft oder das Aufzeigen eines bekannten Gegenteils.
- Exemplifikation: Beispiele zur Begriffsanwendung.

9 Nachwort

Sie haben sich durch unser Buch gearbeitet, Anregungen und Hinweise gelesen sowie Checklisten durchgearbeitet. Reicht das? Nein, Sie müssen möglichst oft präsentieren und anschließend nach konkreten individuellen Verbesserungschancen suchen. Je häufiger und je reflektierter Sie präsentieren, desto besser werden Ihre Präsentationen. Verbessern Sie Punkt für Punkt, nicht alles auf einmal. Angenommen Sie hätten Defizite in Ihrer Artikulation und im körpersprachlichen Ausdruck festgestellt. Dann sollten Sie sich entscheiden, welchen dieser beiden Aspekte Sie als ersten bearbeiten wollen. Konzentrieren Sie sich auf die Verbesserung in einem Aspekt. Erst danach, wenn Sie hier zufrieden sind, nehmen Sie den zweiten Aspekt in Angriff. Echter Fortschritt vollzieht sich im Schneckentempo und benötigt Energie. Lassen Sie sich nicht entmutigen, wenn es nicht im ersten Anlauf gelingt – unserer Erfahrung nach ist das die übliche Entwicklung.

Wir meinen, dass Sie als Studierender der Ingenieurwissenschaften und vor allem als berufserfahrener Ingenieur technische Probleme kompetent lösen können. Ihre Bereitschaft, die in diesem Buch vorgestellten Präsentationstechniken in Ihr Verhaltensrepertoire zu übernehmen, wird Ihre Chancen verbessern, Entscheidungsträger und Kunden von Ihren Lösungsvorschlägen zu überzeugen.

Wir wünschen viel Erfolg bei Ihrer nächsten Präsentation!

10 Literatur

[1] *Litzcke, S. M.*; *Ambrosy, I.*; *Schuh, H.*: Erfolgreich Präsentieren – die Psychologie macht's. Köln: Deutscher Instituts-Verlag, 2001. – ISBN 3-602-14533-6

[2] *Schildt, Th.*; *Kürsteiner, P.*: 100 Tipps & Tricks für Overhead- und Beamerpräsentationen. Schriftenreihe Beltz Weiterbildung – Training. Weinheim (Bergstr) · Basel/Schweiz: Beltz, 2006. – ISBN 978-3-407-36443-2

[3] *Cervantes Saavedra, M. de*; *Lange, S.* (Hrsg.): Der geistvolle Hidalgo Don Quijote von der Mancha. München: Hanser, 2008. – ISBN 978-3-446-23076-7

[4] *Zimbardo, P. G.*; *Gerrig, R. J.*: Psychologie. München u. a.: Pearson Studium, 2008. – ISBN 978-3-8273-7275-8

[5] *Zimbardo, P. G.*: Psychologie. Berlin u. a.: Springer, 1995. – ISBN 3-540-59381-0

[6] *Schilling, G.*: Angewandte Rhetorik und Präsentationstechnik. Berlin: Schilling, 1998. – ISBN 3-930816-58-X

[7] *Tucholsky, K.*: Ratschläge für einen schlechten Redner. S. 290–292 in Gesammelte Werke, Bd. 8. Reinbek: Rowohlt, 1975. – ISBN 3-499-29008-1

[8] *Hartmann, M.*; *Funk, R.*; *Nietmann, H.*: Präsentieren. Schriftenreihe Beltz Weiterbildung. Weinheim (Bergstr). Basel/Schweiz: Beltz, 2008. – ISBN 978-3-407-36458-6

[9] *Schulz von Thun, F.*: Miteinander reden – Teil 1: Störungen und Klärungen. Reinbek: Rowohlt, 2008. – ISBN 978-3-499-17489-6

[10] *Schneider, W.*: Deutsch für Profis. München: Goldmann, 1999. – ISBN 3-442-16175-4

[11] *Bromme, R.*; *Rambow, D.*: Die Verbesserung der mündlichen Präsentation von Referaten: Ein Ausbildungsziel und zugleich ein Beitrag zur Qualität der Lehre. HSW – Das Hochschulwesen 41 (1993) H. 6, S. 289–297. – ISSN 0018-2974

[12] *Radtke, Ph.*; *Stocker, S.*; *Bellabarba, A.*: Kommunikationstechniken. Schriftenreihe Pocket Power Bd. 20. München. Wien/Österreich: Hanser, 2002. – ISBN 3-446-21878-5

[13] *Meyer, E.*; *Widmann, S.*: FlipchartArt. Erlangen: Publicis, 2006. – ISBN 978-3-89578-337-1

[14] *Klein, J.*: Ordnung auf die Pin-Wand. Management & Seminar 20 (1993) H. 9, S. 28–31. – ISSN 0939-7795

[15] *Stary, J.*: Visualisieren. Berlin: Cornelsen Scriptor,1997. – ISBN 3-589-21077-X

[16] *Seifert, J. W.*: Visualisieren, präsentieren, moderieren. Offenbach: Gabal, 2008. – ISBN 978-3-89749-721-4

[17] DIN EN ISO 128-20:2002-12 Allgemeine Grundlagen der Darstellung – Teil 20: Linien, Grundregeln. Berlin: Beuth
[18] Technisches Zeichnen 1. DIN-Taschenbuch 2. Berlin: Beuth, 2003. – ISBN 978-3-410-15603-1, ISSN 0342-801X
[19] DIN 461:1973-03 Graphische Darstellung in Koordinatensystemen. Berlin: Beuth
[20] Formelzeichen, Formelsatz, mathematische Zeichen und Begriffe. DIN-Taschenbuch 202. Berlin: Beuth, 2009. – ISBN 978-3-410-17244-4, ISSN 0342-801X
[21] *Jansen, W.*: Grundkurs Feldbustechnik. Würzburg: Vogel, 2000. – ISBN 3-8023-1813-7
[22] *Christen, H. R.*: Einführung in die Chemie. Frankfurt (am Main). Hamburg: Salle, 1965
[23] Microsoft Excel. Microsoft Corp., Redmond, Washington/USA: http://office.microsoft.com/de-de/excel
[24] VDMA – Verband Deutscher Maschinen- und Anlagenbau e. V., Frankfurt (am Main): www.vdma.org
[25] Volkswagen AG, Wolfsburg: www.volkswagen.de
[26] Elektrische Energieversorgung 2020 – Perspektiven und Handlungsbedarf. VDE-Studie. Energietechnische Gesellschaft im VDE (ETG) (Hrsg.). Frankfurt (am Main): ETG, 2005 (Best.-Nr. 9022, zu beziehen über www.vde.com/Allgemein/Reports/studien-reports)
[27] *Haseloff, O. W.*: Content-Analysen und ihre Anwendung in der Marktforschung. Kleiner Almanach der Marktforschung 8 (1967) S. 17-40
[28] *Kürsteiner, P.*: Reden, vortragen, überzeugen. Schriftenreihe Beltz Weiterbildung. Weinheim (Bergstr) · Basel/Schweiz: Beltz, 1999. – ISBN 3-407-36351-6
[29] *Geißner, H.*: Rhetorik. München: Bayerischer Schulbuch-Verlag, 1976. – ISBN 3-7627-2110-6
[30] *Herrmann, P.*: Reden wie ein Profi. Schriftenreihe Goldmann-Ratgeber 13 612. München: Goldmann,1991. – ISBN 3-442-13612-1
[31] *Allhoff, D.-W.*; *Allhoff, W.*: Rhetorik & Kommunikation. München. Basel/Schweiz: E. Reinhardt, 2006. – ISBN 978-3-497-01876-5
[32] *Gassner, M.*: Kooperative Verhandlungsführung. Köln: Rheinbraun. Unveröffentlichtes Manuskript, 1994
[33] *Kushner, M.*: Erfolgreich präsentieren für Dummies. Bonn: mitp-Verlag, 2005. – ISBN 3-8266-3154-4
[34] DIN EN ISO 216:2007-12 Schreibpapier und bestimmte Gruppen von Drucksachen – Endformate – A- und B-Reihen und Kennzeichnung der Maschinenlaufrichtung. Berlin: Beuth
[35] Büro und Verwaltung – Normen für Papiere, Briefe, Textverarbeitung und Bürobedarf. DIN-Taschenbuch 102. Berlin: Beuth, 2008. – ISBN 978-3-410-16877-5, ISSN 0342-801X

[36] Microsoft PowerPoint. Microsoft Corp., Redmond, Washington/USA: http://office.microsoft.com/de-de/powerpoint
[37] *Jansen, W.*; *Blome, W.*: Interbus. Schriftenreihe Die Bibliothek der Technik, Bd. 162. Landsberg (a Lech): Moderne Industrie, 1998. – ISBN 3-478-93186-X
[38] DIN 1450:1993-07 Schriften – Leserlichkeit. Berlin: Beuth
[39] Bildschirmarbeitsplätze 2. DIN-Taschenbuch 242. Berlin: Beuth,1998. – ISBN 3-410-13972-9, ISSN 0342-801X
[40] *Pohl, R.*: Beobachtungen und Vorschläge zur Gestaltung und Verwendung von Folien in Vorträgen. Psychologische Rundschau 41 (1990) H. 3, S. 155–158. – ISSN 0033-3042
[41] Microsoft Windows. Microsoft Corp., Redmond, Washington/USA: www.microsoft.de/windows
[42] Ashampoo Office 2008. Ashampoo GmbH & Co. KG, Oldenburg (Oldb): www.ashampoo.de
[43] IBM Lotus Symphony. IBM Corp., Armonk, New York: www.ibm.com/software/lotus/symphony
[44] OpenOffice.org. Sun Microsystems Inc., Santa Clara, Kalifornien/USA: http://de.openoffice.org
[45] OxygenOffice Professional. Rolf Meyer, Lübeck: http://ooo42.org/oxygenoffice.html
[46] SoftMaker Office 2008. SoftMaker Software GmbH, Nürnberg: www.softmaker.de/office.htm
[47] Sun StarOffice. Sun Microsystems Inc., Santa Clara, Kalifornien/USA: http://de.sun.com/products/software/star/staroffice
[48] Microsoft Office. Microsoft Corp., Redmond, Washington/USA: http://office.microsoft.com/de-de/products
[49] Adobe Flash. Adobe Systems Inc., Santa Clara, Kalifornien/USA: www.adobe.com/go/gntray_prod_flash_platform_home_de
[50] *Klebert, K.*; *Schrader, E.*; *Straub, W. G.*: Moderations-Methode. Hamburg: Windmühle, 2006. ISBN 978-3-937444-07-9
[51] *Jäckering, W.*: Seminare erfolgreich durchführen. Bonn: Bundesakademie für öffentliche Verwaltung, 1995
[52] *Portner, D.*: Überzeugend diskutieren. Schriftenreihe Beltz-Taschenbuch 600: Training. Weinheim (Bergstr) · Basel/Schweiz: Beltz, 2000. – ISBN 3-407-22600-4
[53] *Flume, P.*: PowerStories. Erlangen: Publicis, 2003. – ISBN 3-89578-212-2
[54] *Jung, C. G.*: Ein moderner Mythus, S. 39. Zürich/Schweiz · Stuttgart: Rascher, 1958
[55] *Mann, Th.*: Bilse und ich. München: Bonsels, 1906

[56] Eliette und Herbert von Karajan Institut, Salzburg/Österreich: www.karajan.org

[57] *Rattner, J.*; *Danzer, G.*: Meister des großen Humors, S. 235. Würzburg: Königshausen & Neumann, 2008. - ISBN 978-3-8260-3863-1

[58] *Rosemarie, J.*: Words from the Wise. New York/USA: Skyhorse, 2007. - ISBN 978-1-60239-136-9

[59] *Bono, E. de*: Zeiteinteilung neu durchdacht. Capital 31 (1992) H. 6., S. 229 - ISSN 0008-5847

[60] *Friedrich, W.*: Die Kunst zu präsentieren. Schriftenreihe VDI Karriere. Berlin u. a.: Springer, 2003. - ISBN 3-540-00357-6

[61] *Garten, M.*: Best Business Presentations. Wiesbaden: Gabler, 2004. - ISBN 3-409-12566-3

[62] *Niedenhoff, H.-U.*; *Schuh, H.*: Argumentieren - Diskutieren. Köln: Deutscher Instituts-Verlag, 2000. - ISBN 3-602-14508-5

[63] *Decker, F.*: Den Streß im Griff. Würzburg: Lexika, 1999. - ISBN 3-89694-240-9

[64] *Litzcke, S. M.*; *Schuh, H.*: Stress, Mobbing und Burn-out am Arbeitsplatz. Heidelberg: Springer, 2007. ISBN 978-3-540-46849-3

[65] *Wagner-Link, A.*: Der Stress. TK-Broschüre zur gesundheitsbewussten Lebensführung. Hamburg: Techniker Krankenkasse, 2002. - ISSN 0723-1717

[66] *Groeben, N.*; *Schreier, M.*; *Christmann, U.*: Herleitung, Explikation und Binnenstrukturierung des Konstrukts. Sprechen und Sprachverstehen im sozialen Kontext. In Arbeiten aus dem Sonderforschungsbereich 245 „Sprache und Situation", Bd. 28. Heidelberg. Mannheim: SFB, 1992. -ISSN 0937-6224

[67] *Horatius Flaccus, Q.*; *Schäfer, E.* (Hrsg.): Ars Poetica. Schriftenreihe Reclams Universal-Bibliothek, Bd. 9421. Stuttgart: Reclam, 2008. - ISBN 978-3-15-009421-1

[68] *Panhey, K.*; *Köhnken, G.*; *Eggert, F.*: Die Rolle von Emotionen bei Glaubwürdigkeitsbeurteilungen. Polizei & Wissenschaft, 4 (2003) H. 1, S. 37-44. - ISSN 1439-7404

[69] *Litzcke, S. M.*; *Hermanutz, M.*: Warnsignale. S. 68-83 in *Hermanutz, M.*; *Litzcke, S. M.* (Hrsg.): Vernehmung in Theorie und Praxis. Stuttgart u. a.: Boorberg, 2009. - ISBN 978-3-415-04219-3

[70] *Goethe, J. W. von*; *Kiermeier-Debre, J.* (Hrsg.): West-oestlicher Divan. Schriftenreihe dtv Bibliothek der Erstausgaben, Bd. 2671. München: Dt. Taschenbuch-Verlag, 2006. - ISBN 978-3-423-02671-0

[71] *Hartmann, D.*: Trainerpraxis konkret. Baltmannsweiler: Schneider-Verlag Hochgehren, 2004. - ISBN 3-89676-635-X

[72] *Zittlau, D. J.*: Kommunikation und Rhetorik. Düsseldorfer Schriftenreihe zur Unternehmensführung, Bd. 2. Düsseldorf: Zenon, 1996. - ISBN 3-925790-37-3

[73] *Kellermann, M.*: Suggestive Kommunikation. Aus dem Programm Huber: Psychologie-Sachbuch. Bern/Schweiz u. a.: Huber, 1997. - ISBN 3-456-82852-7

[74] *Heinrich, P.*: Sprache als Instrument des Verwaltungshandelns. Berlin: Hitit, 1994. − ISBN 3-924423-21-0

[75] *Mehrabian, A.*: The inference of attitudes form the posture, orientation and distance of a communicator. Journal of Consulting and Clinical Psychology 32 (1968) H. 3, S. 296−308. − ISSN 0022-006X

[76] *Dion, K. K.*; *Berscheid, E.*; *Walster, E.*: What is beautiful is good? Journal of Personality and Social Psychology 24 (1972) H. 3; S. 285−290. − ISSN 0022-3514

[77] *Masani, P. R.*: Norbert Wiener. Vita mathematica, Bd. 5. Basel/Schweiz u. a.: Birkhäuser, 1990. − ISBN 3-7643-2246-2

[78] *Langmaack, B.*; *Braune-Krickau, M.*: Wie die Gruppe laufen lernt. Weinheim (Bergstr): Beltz-PVU, 2000. − ISBN 3-621-27452-9

[79] *Hofmeister, R.*: Handbuch der Redekunst. Bd. 1. Augsburg: Weltbild, 1993. − ISBN 3-85012-264-6

[80] *Schuh, H.*; *Watzke, W.*: Erfolgreich reden und argumentieren. Ismaning: Hueber-Holzmann, 1994. − ISBN 3-19-001848-0

[81] *Burchardt, M.*: Leichter studieren. Berlin: BWV Berliner Wiss.-Verl., 2006. − ISBN 978-3-8305-1035-2

[82] *Scheler, U.*: Vortragsfolien und Präsentationsmaterial. Schriftenreihe New Business Line, Bd. 61. Frankfurt (am Main): Redline Wirtschaft bei Ueberreuter, 2003. − ISBN 3-8323-1028-2

[83] DIN 1301-1:2002-10 Einheiten − Teil 1: Einheitennamen, Einheitenzeichen. Berlin: Beuth

[84] DIN 1301-2:1978-02 Einheiten − Allgemein angewendete Teile und Vielfache. Berlin: Beuth

[85] DIN 1301-3:1979-10 Einheiten − Umrechnungen für nicht mehr anzuwendende Einheiten. Berlin: Beuth

[86] Einheiten und Begriffe für physikalische Größen. DIN-Taschenbuch 22. Berlin: Beuth, 2009. − ISBN 978-3-410-17239-0, ISSN 0342-801X

11 Bezeichnungen
(vgl. DIN 1301:2002-10 [83–86])

11.1 Formelzeichen verwendeter physikalischer Größen

I	Strom
λ	Ausfallrate
l	Länge
t	Zeit
T	Temperatur
U	Spannung
U_Z	Durchbruchspannung

11.2 Einheitenzeichen und -namen

A	Ampere
cm	Zentimeter
°C	Grad Celsius
€	Euro
h	Stunden
km	Kilometer
kV	Kilovolt
kW	Kilowatt
m	Meter
mA	Milliampere
min	Minuten
mm^2	Quadratmillimeter
%	Prozent
s	Sekunden
TWh	Tera-Wattstunden
V	Volt

[Medientechnik & Systemintegration]

Präsentationstechnik • Digital Signage • Mediensysteme

Das Fachmagazin für Präsentationstechnik und Mediensysteme

mit: • Tests von Projektoren, Displays und Präsentationssystemen im eigenen Testlabor
 • Berichten über Projekte im Bereich Konferenz- und Medientechnik
 • News, Messeberichten und Grundlagenartikeln

Informationen sowie kostenloses und unverbindliches Probeheft unter www.mt-si.de, info@mt-si.de oder 0231 3981 9690